Desde el inicio de nuestro matrimonio, Linda Dillow tuvo una poderosa influencia sobre mí a través de su libro "La esposa virtuosa". Este nuevo libro, repleto de enseñanzas claras y bíblicas que abarcan muchos aspectos vitales del matrimonio, promete ser de tanta ayuda como aquel. Nos motiva a perseguir esa clase de pasión que no solo producirá un gran deleite, sino también una profunda unidad e intimidad con nuestro cónyuge, mostrando así la preciosa unidad de Cristo con su iglesia conforme al diseño de Dios para el matrimonio. Además de todas estas virtudes, el libro posee un formato que facilita la lectura y que nos convierte en lectores activos a través de sus cuadros y preguntas. Lo recomiendo de todo corazón.

GLORIA DE MICHELÉN

esposa del pastor Sugel Michelén por 31 años, maestro de la Biblia a las mujeres en Santo Domingo, República Dominicana, así como en Cuba, España, Colombia y Venezuela. en Santo Domingo, República Dominicana, así como en Cuba, España, Colombia y Venezuela.

¡Ya era hora! Este poderoso recurso ha sido de increíble ayuda. ¡Y quién mejor para hacerlo que Linda Dillow y Juli Slattery! *En Busca de la Pasión* es un estudio basado en la Biblia, enormemente útil y realmente necesario. ¡Te encantará!

DRS. LES Y LESLIE PARROTT

LesAndLeslie.com, autores de *Love Talk*

En Busca de la Pasión lleva a las mujeres cristianas de manera delicada pero firme al más maravilloso de los lugares: el ayudarles a entender que su relación sexual es importante tanto para ellas como para Dios. Las mujeres que pasan por este excelente estudio ciertamente se sentirán no sólo más cerca de sus esposos, sino también más cerca de Dios. No sólo se notarán más agradables a sus esposos y más capaces de experimentar mayor placer personal con su pareja, pero en el camino también serán dirigidas a ser más y más como Cristo. Este estudio tiene un objetivo maravilloso, brillantemente ejecutado y con resultados exitosos.

GARY THOMAS

autor de *Matrimonio Sagrado y Sacred Search*.

Seamos realistas, un estudio bíblico sobre este tema ha sido necesario desde hace mucho tiempo. El sexo y la pasión en el matrimonio son temas tratados tan sólo a niveles superficiales en nuestras amistades e incluso en nuestras iglesias. En *En Busca de la Pasión*, Juli y Linda han optado por sumergirse profundamente a responder preguntas reales de mujeres reales - incluso aquellas preguntas que a menudo nos da mucho miedo hacer. La sabiduría y la integridad combinada de estas dos mujeres hará que este recurso vuele de los estantes hacia las manos y los corazones de mujeres quienes quieren una pasión verdadera en sus matrimonios. Cada esposa, en cada lugar necesita este estudio bíblico. Creo que este estudio cambiará la relación más importante en tu vida.

PRISCILLA SHIRER

maestra de la Biblia, autora y oradora.

En busca de la pasión: ¿Qué clase de amor haces? es un estudio audaz, santo e increíblemente necesario. Con una franqueza delicada y santa, Linda y Juli invitan a la mujer a buscar la sanidad y el deleite que Dios desea que los cónyuges disfruten. La sabiduría de Linda y de Juli y su amor por Jesús impregnan cada página de este libro y arrojan luz sobre un tema que para muchísimas mujeres ha estado rodeado de oscuridad. ¡Hay muchas cosas buenas por descubrir aquí!

STASI ELDREDGE

autora de *Convirtiéndome en mí misma* y coautora de *Cautivadora*

Juli Slattery y Linda Dillow se han unido para tratar algunas de las cuestiones, luchas y heridas sexuales más profundas de nuestra era. Este es de un precioso regalo para el Cuerpo de Cristo por su extraordinaria sabiduría, su profunda experiencia y su pasión por Jesús. Juli y Linda se han unido para ofrecer esperanza y dirección. El llevarnos a avivar la pasión en el matrimonio e intensificar nuestra santidad será un trabajo valioso para el Reino de Dios.

DAN B. ALLENDER
PhD, Profesor de Psicología y Consejería y Presidente Fundador La Escuela de Teología y Psicología de Seattle

El sexo es un tema candente. Sin embargo, para muchas mujeres el sexo es incómodo, una obligación, o un recuerdo de heridas pasadas. Linda Dillow y Dr. Juli Slattery animan a las mujeres a enfrentar un tema que no se discute muy a menudo. *En Busca de la Pasión* es un estudio bíblico que es relevante, informativo y sensible a las preguntas que muchas mujeres tienen pero no saben a quién preguntar. Juntas, las autoras discuten el tema con transparencia acerca de sus propias vidas, ofrecen información de investigaciones y aportan aplicaciones espirituales de las Escrituras. *¡En Busca de la Pasión* es un recurso para toda mujer que desea lo mejor de Dios en su vida y matrimonio!

DEBBIE ALSDORF
autora, *A Woman Who Trusts God*

¿Te refieres a que las mujeres cristianas pueden y deben disfrutar las relaciones sexuales? ¡Quién hubiera pensado! Dios lo pensó primero. Pero luego todo tipo de expertos bien intencionados crearon la confusión de las palabras cristianismo, sexo, mujer y matrimonio. Incluso, en este contexto, muchos piensan que las palabras "divertido" y "sano" no son compatibles. Por esta razón ha sido difícil encontrar un libro que combine consejos bíblicos y discusiones modernas y extensas pero a la vez sabias, graciosas y relacionales. ¡Pero Linda Dillow y Dr. Juli Slattery han logrado justamente eso! Recomiendo encarecidamente las páginas pícaras pero espirituales de En Busca de la Pasión a toda mujer de fe. Después de todo, el sexo satisfactorio, divertido y libre de culpa fue idea de Dios desde un principio.

JULIE BARNHILL
conferencista nacional e internacional y autora de 10 libros

Mientras el mundo está obsesionado con en el sexo, la Iglesia se ha mantenido en silencio, y esto ha dado lugar a mucha confusión y dolor en la comunidad cristiana. Ahora, finalmente, la Dra. Juli Slattery y Linda Dillow con denuedo discuten los problemas de una manera bíblica, valiente y clara. Este estudio ofrece una imagen más hermosa, más apasionada y más agradable para el esposo y la esposa que el mundo puede ofrecer. Esto cambiará matrimonios drásticamente y sanará los corazones rotos. ¡Espero que todas las iglesias de América ofrecen este estudio pronto para sus mujeres!

PAT HARLEY
Presidente de *Big Dream Ministries* y autora de *The Amazing Collection*

Juli y Linda están pisando todo un terreno nuevo en el área de estudios bíblicos para la mujer: la intimidad en el matrimonio. Es un tema que se ha pasado por alto suficiente tiempo. Dirigen, bendicen y exhortan a la mujer a tener una relación más profunda con el Señor y con sus esposos. Juntas aportan un enfoque singular y divertido a un tema que es difícil para muchas parejas casadas. Hacia el final del estudio, muchas mujeres habrán encontrado una nueva libertad y habrán reconocido el asombroso regalo que Dios les ha dado en su matrimonio. *¡En busca de la pasión* es todo un éxito!

DR. GREG Y ERIN SMALLEY
Lucha por un matrimonio mejor, www.smalleymarriage.com

¿Anhelas que vuelva esa chispa a tu matrimonio? ¿Anhelas ver esa pasión reavivada? No sólo es posible, sino es el plan de Dios y Su deseo profundo para ti. Linda Dillow y Dr. Juli Slattery han provisto un mapa del tesoro para ayudarte a obtener el mejor diseño de Dios para la pasión y la intimidad con tu esposo. Estás a punto de embarcarte en una aventura que te desafiará y curará. No te conformes con nada menos que lo mejor de Dios para ti. Aprende de estas queridas autoras y amigas mías. Son mujeres de Dios con experiencia y sabiduría.

SUSIE LARSON
autora, oradora y presentadora de radio

Un dúo dinámico, Linda Dillow y Juli Slattery se unen para mostrar a las mujeres cómo encender la chispa de nuevo en sus matrimonios. Con transparencia, sabiduría y un poco de humor, Linda y Juli hablan directamente a los corazones de mujeres buscando la pasión en sus matrimonios. ¡Si no quieres que tu matrimonio con ser aburrido este libro es obligatorio!

BECKY HARLING
conferencista internacional y autora de *Freedom From Performing: Grace in An Applause Driven World*

Toda mujer casada necesita estudiar *En Busca de la Pasión*. El matrimonio es el fundamento de las familias, de los niños y de la formación de la próxima generación de adultos. Este libro inspira, instruye, da esperanza y gracia y además muestra cómo aceptar de todo corazón al matrimonio como una de las mejores obras en la vida de una mujer.

SALLY CLARKSON
conferencista, blogger, (itakejoy.com) y autora de siete libros, incluyendo
Desperate: Hope for the Mom Who Needs to Breathe

Linda y Juli son dos mujeres sabias que comparten con candor y gracia acerca de la verdadera intimidad en el matrimonio. *En Busca de la Pasión* traerá a luz áreas en tu vida íntima que tienen el potencial de conducirte en libertad si estás dispuesta a lidiar con ellas. Recomiendo leer este libro con una amiga o mentora para que puedan discutir, confesar y encontrar sanidad a medida que buscan la pasión en su matrimonio.

SARAH MAE
co-autora de *Desperate: Hope for the Mom Who Needs to Breathe*

Si está buscando excelencia en un estudio, ¡ya la encontró! El libro que tiene en las manos es el más valioso en el mercado. Gary y yo hemos escrito y leído muchos, pero el estudio de Juli y Linda sobre la pasión es el número uno en nuestra lista.

DR. GARY Y BARB ROSBERG
Seis secretos para un amor duradero

Linda y Juli ofrecen una enseñanza bíblicamente sólida mezclada con reflexiones personales que son tanto sabias como graciosas. Este libro de trabajo no es solamente dos escritoras que hablan de sus propias filosofías. Son dos amigas que le guían con gentileza a través de las Escrituras y formulan preguntas que seguramente inspirarán ideas nuevas sobre su sexualidad y cómo ve usted la intimidad.

LORRAINE PINTUS
autora de *Salta del columpio hormonal* y coautora de *Cuestiones íntimas*

Este es uno de los estudios bíblicos más importantes que una iglesia puede ofrecer a las mujeres casadas. Juli Slattery y Linda Dillow enfrentan temas difíciles con la verdad sólida y a la vez con una vivacidad refrescante. Las respuestas que la Iglesia no ha proporcionado sobre el sexo y la intimidad se pueden encontrar aquí.

DANNAH GRESH
autora del libro de mayor venta, *Y La Novia Vistió de Blanco y Get Lost*

EN BUSCA DE LA PASIÓN
¿Qué clase de amor haces?

Linda Dillow

Dra. Juli Slattery

Editorial Moody

CHICAGO

Traducido al español por: Mercida García Rojas
Editado por: Mercedes De La Rosa-Sherman
Diseño del interior y de la portada: www.DesignByJulia
Ilustraciones por: Julia Ryan / www.DesignByJulia
Imágenes de la portada: photos © Shutterstock.com Stephen Coburn / Ally London. Illustration: Julia Ryan
Imágenes del interior: © Shutterstock.com
Fotograhfía del autors: Cathy Walters Photography

Datos de publicación de la bibliotecca del Congreso.

Dillow, Linda.
  [Passion pursuit. Spanish]
  En busca de la pasión : ¿qué clase de amor haces? / Linda Dillow, Dra. Juli Slattery.
    pages cm
  Incluye referencias bibliográficas.
  ISBN 978-0-8024-1038-2 (pbk.)
 1. Sex--Religious aspects--Christianity--Textbooks. 2. Intimacy (Psychology)--Religious aspects--Christianity—Textbooks. 3. Wives--Sexual behavior--Textbooks. I. Slattery, Julianna, 1969- II. Dillow, Linda. Passion pursuit.
Translation of: III. Title.
  BT708.D54318 2013
  248.8'435--dc23
                                  2013012763

A DAVID SUTHERLAND

Este libro está dedicado a David Sutherland, quien,
junto con Tim Sisarich y Wayne Mulqueen, inspiraron e
iniciaron este trabajo. Estos tres hombres *Kiwi* [manera
en la cual se refiere uno a la gente de Nueva Zelanda]
sintieron la carga del dolor de muchas mujeres en
el mundo entero. Oraron a Dios para que levantara
mujeres que hablaran acerca de la sexualidad. De esta
oración, generosidad y obediencia nació el ministerio
Authentic Intimacy [Intimidad auténtica]. Gracias a
nuestros amigos y hermanos de Nueva Zelanda,
¡los Tres Mosqueteros!

CONTENIDO

Una nota personal para ti

Querida amiga:

Creemos que pronto nos haremos amigas, ya que este es un estudio bíblico único. Estaremos compartiendo contigo cosas muy personales y te estaremos pidiendo que examines con el Señor cosas muy profundas dentro de ti. Aunque no te hemos conocido, hemos orado por ti. Le hemos pedido al Señor que nos dé palabras que ministren directamente a tu corazón.

Al referirnos al tema de la intimidad en el matrimonio creemos que vas a disfrutar muchos descubrimientos en estas próximas diez semanas. Creemos que descubrirás más libertad y diversión en tu relación íntima con tu esposo y obtendrás nuevos conceptos sobre cómo tu sexualidad y tu espiritualidad van de la mano. Pero puedes descansar segura en esto: no evitaremos temas delicados. Encararemos tus preguntas profundas y hablaremos acerca de tus preocupaciones con honestidad, humor y, lo más importante, con la verdad de la Palabra de Dios.

Somos de generaciones diferentes, pero tenemos el mismo corazón. Ambas amamos la Palabra de Dios y creemos que las respuestas a la vida y a la intimidad en el matrimonio están escondidas en sus páginas. Hemos luchado con la aplicación de estas verdades eternas de Dios en nuestra propia vida y hemos tenido el privilegio de caminar junto a muchas mujeres en el trayecto de sus matrimonios.

Este libro de trabajo viene acompañado de una serie de DVD que contiene historias y enseñanzas adicionales. Si estás viendo estas sesiones ya nos habrás conocido, pero queremos compartir un poco más de nuestra vida.

Linda: Permíteme describirte a mi querida amiga Juli. Imagínate a una mujer pequeña de cuarenta y cuatro años con la sabiduría de una mujer santa de noventa años atrapada dentro de ella. Juli es el conejito de las pilas Energizer usando esteroides con la Biblia en una mano y *Una guía a la psicoterapia* en la otra. Sus labios expresan una exégesis brillante de las Escrituras, pero a la vez, en sus ojos cafés y brillantes puedes ver un poco de travesura. Los zapatos favoritos de Juli son los Nike, ya que si no está escalando una montaña, está correteando a sus tres hermosos hijos, o haciendo ejercicio con Mike, su esposo de dieciocho años. Soy lo suficientemente mayor como para ser la mamá de Juli, y aun así, Dios me ha bendecido con su amistad y trabajo en este emocionante proyecto. Juli camina íntimamente con Dios su padre, y es un gozo arrodillarnos juntas y buscar la sabiduría de Dios para ti: una esposa a quién Él ama.

Juli: Linda es una de las mujeres más increíbles que jamás haya conocido. Es divertida y llena de vida, y nunca sabes lo que saldrá de su boca. Lo más seguro es que sea algo que te haga doblarte de la risa o una perla de sabiduría que te lleve a pensar seriamente. Ella lleva cuarenta y nueve años de casada con su esposo, Jody, y tienen cuatro hijos y diez nietos.

Jody y Linda vivieron como misioneros en Asia y Europa por diecisiete años. Sí, estoy de acuerdo, es un tanto aterrador pensar en una abuela y misionera que enseña sobre el sexo, pero créeme, Linda va más allá de enseñar la "posición misionera". Esta mujer no tiene temor a hablar acerca de las preguntas más íntimas. Sin embargo, sus palabras en este tema delicado siempre son sazonadas con compasión, gracia y sabiduría. Lo que hace a Linda única es su maravillosa amistad con Jesús. No puedes pasar tiempo con ella sin darte cuenta de que sus palabras y acciones son un reflejo del Señor.

¿Cómo te ayuda esto?

Aun si eres una veterana de estudios bíblicos para mujeres, un estudio sobre la intimidad sexual puede ser un tanto intimidante. Después de todo, no es un tema que se toca abiertamente en muchas iglesias. La intimidad sexual es un tema delicado y discreto que debe ser tomado con franqueza y a la vez sensibilidad. Hemos orado para que el Señor nos dé sabiduría para mantener *En busca de la pasión* en equilibrio. Estamos comprometidas a responder tus preguntas más íntimas y apremiantes, pero lo haremos en el contexto de autenticidad, sensibilidad y respeto. ¡Y también nos divertiremos un poco!

Dios quiere hacer una obra grande en tu matrimonio. Su deseo es reclamar y reconstruir el precioso regalo de la sexualidad. Entendemos que tú y otras mujeres que están tomando este curso vienen con trasfondos diferentes. Conocerás a algunas que están buscando ánimo para un matrimonio que ya es sólido. Otras buscan desesperadamente reavivar el fuego de la intimidad. Otras más estarán luchando con heridas profundas de abuso sexual en su pasado o la pérdida de la confianza. Sea cual fuere el deseo o la herida personal que traigas a este estudio, queremos que sepas que el Señor está profundamente interesado en ti. Su verdad es capaz de traer esperanza y sanidad mientras buscas profundizar tu pasión por Dios y por tu esposo.

Esta es nuestra oración por ti personalmente:

Abba Padre:

Toma a tu hija de la mano con ternura y enséñale exactamente lo que Tú sabes que ella necesita para que se sienta en libertad de buscar la pasión en su matrimonio. Cuando necesite sanidad, permítele conocerte como Sanador. Cuando necesite ánimo, sé Tú su aliento. Déjale saber que a cada paso de esta trayectoria, Tú la sostienes con tu amor.

"Al que puede hacer muchísimo más que todo lo que podamos imaginarnos o pedir, por el poder que obra eficazmente en nosotros, ¡a él sea la gloria en la iglesia y en Cristo Jesús por todas las generaciones, por los siglos de los siglos! Amén" (Efesios 3:20–21).

Tus nuevas amigas,

Linda   Jul

Nota de precaución: *En busca de la pasión* no es para todas las mujeres. Los principios que exploraremos a través de este estudio se aplican a matrimonios relativamente sanos. La mayoría de las parejas lucha con problemas de comunicación, malentendidos, egoísmo, tentación sexual y errores en su pasado. Aun así, si tu matrimonio tiene problemas de mayor profundidad, como violencia doméstica, homosexualidad o adicciones, necesitas buscar la ayuda de un pastor o un profesional de la salud mental. También puede ser que mientras estudias *En busca de la pasión* encuentres que algunas antiguas heridas se vuelven a abrir. Creemos que esto forma parte del proceso de sanidad de Dios para ti. Pero tal vez necesites ayuda adicional e invitar a Dios a que redima tu pasado. Por favor visítanos en www.authenticintimacy.com para obtener recursos adicionales en inglés.

¡Tengo poder!

Un estudio bíblico sobre el sexo para mujeres. ¡Eso sí que es diferente!

Tenemos noticias para ti: a Dios le importa el sexo. Él lo creó. Y a Él le importa tu relación íntima con tu esposo. Él se interesa profundamente en tu corazón y las heridas que puedas estar cargando desde hace muchos años.

¿Por qué estudiar lo que Él tiene que decir acerca del sexo?

Porque Jesús es el Sanador.

Él es tu Redentor.

Él es el que te restaura.

Tu Dios es capaz de vencer cualquier obstáculo.

Sabemos que tienes obstáculos en tu matrimonio. Nosotras también los hemos tenido y hemos aprendido a estudiar la verdad de Dios y nos hemos rendido ante Su gracia en medio de todo. Así es que amárrate el cinturón para iniciar el camino *En busca de la pasión*.

Cuándo empecé a buscar la pasión

Cuando yo (Juli) había estado casada por diez años, noté que la intimidad en mi matrimonio se había vuelto… bueno, aburrida. De hecho, estaba tan aburrida con "la intimidad de siempre" que calculé en mi mente cuantas veces mi esposo y yo habíamos hecho la misma cosa. Calculé que si en promedio teníamos relaciones sexuales dos veces a la semana, eso era alrededor de 100 veces al año o 1.000 veces a lo largo de diez años de matrimonio. Sí, lo sé. ¿Quién piensa así? Mi siguiente pensamiento fue: *Algo tiene que cambiar. ¡El techo de mi habitación no es tan fascinante!*

Este pequeño ejercicio mental fue una llamada de atención para mí. Quería que la intimidad sexual en mi matrimonio fuera divertida, nueva y creativa. Si el sexo era aburrido después de diez años, ¿cómo me sentiría después de treinta años de matrimonio?

Capítulo I

TEMA:

Tú tienes el poder, el poder para construir un hogar de intimidad diseñada por Dios.

VERSÍCULO LEMA:

"La mujer sabia edifica su casa; la necia, con sus manos la destruye".

(Proverbios 14:1)

Independientemente de dónde esté tu matrimonio, es hora de esta llamada de atención. La pasión no sucede por sí sola: debe buscarse, perseguirse y anhelarse. Desafortunadamente, la mayoría de los matrimonios están estancados en lo que respecta a la pasión, el romance y la intimidad.

El dolor afloraba en los ojos de Karin:

El sexo está sobrevalorado. ¿Por qué es la gran cosa? La pasión se fue de mi habitación con el primer bebé y nunca ha regresado. Hacer el amor se ha convertido en: "Tú me tocas aquí, yo te toco allá, te mueves dentro de mí y termina tan pronto comienza". ¿Y eso debe hacerme sentir más cerca de mi esposo? Hay noches que me duermo llorando, ahogándome en soledad mientras él duerme en una tierra lejana junto a mí.

El gozo danzaba en los ojos de Shannon:

Nuestra unión íntima mejora, crece en profundidad y es más divertida cada año. El sexo es donde escapamos de la vida y nos deleitamos en el regalo del uno al otro. La intimidad que compartimos, el placer exquisito que nos damos, nos trae mucho gozo. Podemos salir de nuestro nido de amor refrescados: mejor preparados para enfrentar a los hijos, los problemas y el resto de la vida cotidiana. ¡Cómo le doy gracias a Dios por Su regalo increíble de la pasión sexual!

Nos regocijamos con Shannon pero sabemos que muchas esposas se identifican con Karin. Tal vez el sentimiento más deprimente que una mujer pueda tener es desesperanza total de poder cambiar la intimidad de su matrimonio. Las palabras de Karin expresan esto: se siente derrotada e incapaz en su soledad.

¡Queremos que entiendas que no tienes que sentirte incapaz! Dios te ha dado poder para impactar la intimidad en tu matrimonio. De hecho, creemos que cada esposa está usando activamente su poder para edificar o destruir la intimidad. La clave es que la mayoría de las mujeres ni siquiera saben que tienen el poder y ciertamente no entienden cómo pueden estar usándolo para destruir la unidad que tanto anhelan.

Aunque *En busca de la pasión* es acerca de la intimidad sexual en el matrimonio, reconocemos que la pasión sexual nunca fue diseñada para existir en un vacío. Está entretejida íntimamente con las emociones, la seguridad, la comunicación y otros aspectos vitales de tu matrimonio. Así que queremos pasar nuestra primera semana viendo el panorama general de la intimidad en el matrimonio.

El estereotipo que algunas mujeres tienen de una "esposa cristiana" es un estereotipo de debilidad: una mujer que deja que su esposo domine el hogar. El mensaje que se ha pasado a través de las generaciones es que Dios quiere que la mujer sea débil, sumisa e indefensa en el matrimonio. Noticia de último minuto: ese NO es el diseño de Dios para ti como esposa.

Lee el verso lema de Proverbios 14:1. ¿Crees que este proverbio promueve la debilidad en la mujer? Por otra parte, ¿crees que este proverbio promueve a una mujer que domina a su esposo? Creemos que un elemento clave para desarrollar la intimidad en tu matrimonio es la cuestión de cómo usas tu poder.

Saca tu resaltador de color, porque lo que estamos a punto de compartir necesita grabarse en el centro de tu ser:

Una mujer puede cometer dos errores vitales que pueden resultar en la destrucción de su matrimonio: el primero es hacer caso omiso o negar su poder; el segundo es abusar de su poder.[1]

Ya sea a través de acciones aparentes o sutiles, una esposa puede destruir la confianza y sinceridad de su esposo y sabotear su habilidad como líder con el mal uso de su poder en el matrimonio. El filósofo Goethe lo expresó muy bien:

Si se trata a un hombre como lo que es, seguirá siendo lo que es; si se trata a un hombre como él puede y debe ser, llegará a ser lo que puede y debe ser.

Creemos que dentro de cada hombre se encuentra el hombre que "puede y debe ser". En algunos esposos ese héroe puede comenzar a surgir. En otros, puede estar escondido profundamente bajo capas de vergüenza, enojo, inseguridad o duda. Tu llamado como esposa es usar tus habilidades e influencia para que surja dentro de tu esposo ese hombre que puede y debe ser. No es un trabajo fácil ni algo que sucede rápidamente. De hecho, puede tomar toda una vida. Sin embargo, el desarrollar continuamente en tu esposo ese hombre que puede y debe ser es esencial si quieres crear intimidad profunda y confianza en tu matrimonio.

"Una mujer nunca se casa con el hombre de sus sueños. Ella ayuda a que el hombre con el que se casó se convierta en el hombre de sus sueños".[2]

DÍA 1
Tu zona de poder: respeto

Al edificar tu matrimonio, tus "zonas de poder" corresponden directamente a las necesidades de tu esposo de respeto, compañía y satisfacción sexual. En los próximos tres días veremos lo que Dios dice sobre cada una de ellas. Hoy, queremos que pienses específicamente en la necesidad de tu esposo de ser respetado y cómo eso se convierte en una zona de poder para ti. Tu respeto significa mucho para tu esposo porque tú lo conoces en maneras que nadie más lo conoce. Tú conoces sus debilidades e inseguridades. Tú lo has visto fallar en el pasado. Conoces sus faltas, pero al respetarlo, escoges creer en él y enfocarte en que es digno de respeto.

♥ 1. Vamos directamente a un pasaje bien conocido e importante para el matrimonio: Efesios 5:33. ¿Cuáles son las instrucciones de Dios para las esposas en este pasaje sobre cómo usar el poder para promover la intimidad?

_____

_____

_____ ■

Efesios 5:33 dice: "… que la esposa *respete* a su esposo". Para ayudarte a entender el significado total de la palabra *respeto*, veamos el versículo en la versión *The Amplified Bible* [La Biblia Amplificada]:

> "Que la esposa se asegure de respetar y reverenciar a su esposo, que lo note, lo considere, lo honre, lo prefiera, lo venere y lo estime; y que le permita decidir, lo aprecie, lo ame y lo admire en exceso".

Tal vez pienses: "¡Es una exageración! Seguramente no puede significar todo eso!". ¡Oh, pero así es! Ahora mismo, pídele a Dios que amplíe tu entendimiento de todo lo que significa el respeto para tu esposo y como puedes mostrarle respeto en formas significativas para él.

DE CERCA CON Juli

♥ 2. Escoge tres de las palabras mencionadas anteriormente en la definición ampliada de respeto y describe qué significan y qué podrías hacer para demostrar este atributo.

_____

_____

_____

_____

_____

_____

_____

_____

_____

_____

_____

_____ ■

Tengo que confesar que he usado mi poder de "respeto" equivocadamente al comparar el estilo de liderazgo de Mike con otros hombres. Mi esposo es un hombre orientado a las relaciones que preferiría conectar con alguien más que marchar hacia una meta. Al principio de nuestro matrimonio lo criticaba sutilmente por esto. Me sentía frustrada porque él no tenía metas ambiciosas en su carrera como los hombres con los que yo trabajaba en el ministerio. A pesar de que traté de disfrazar mis quejas como "sugerencias", estas erosionaron los sentimientos de capacidad de Mike en nuestro matrimonio y lo lastimaron profundamente. Mis comentarios nacieron de mi propio corazón ingrato. El Señor me ha enseñado a ver y a apreciar las formas maravillosas en que Mike nos guía a mis hijos y a mí, formas que son únicas en él. Él es un líder servicial. Una de sus metas más importantes es estar conmigo y complacerme. ¿Por qué me quejaría por algo así?

♥ 3. ¿Cómo se relaciona la enseñanza de Dios para las esposas acerca del respeto con la necesidad profunda del hombre de sentirse adecuado y capaz? ¿Qué crees que le sucede a un hombre cuando no se siente respetado por su esposa?

_____

_____

_____ ■

Dios nos llama a ser como Sara, la esposa de Abraham. Si quieres saber más sobre ella lee Génesis 16–21. Sara no era ni callada ni débil; tenía opiniones. Aun así tenía una actitud de reverencia hacia su esposo, ¡un esposo que cometió algunos errores ENORMES! En 1 Pedro 3:6 leemos: "… Ustedes son hijas de ella [Sara] si hacen el bien y viven sin ningún temor".

♥ 4. Lee 1 Pedro 3:6 y escribe tres temores que te impiden llenar la necesidad de respeto de tu esposo.

_____

_____

_____ ■

♥ 5. Imagina que te han invitado a una despedida de soltera de una joven amiga. Te han pedido que escribas una carta a la novia sobre *el poder del respeto* en su futuro matrimonio. Escribe la carta en el siguiente espacio.

_____

_____

_____

_____

_____

_____

_____

_____

_____ ■

♥ 6. En el área de respeto, estás construyendo o destruyendo la intimidad en tu matrimonio. Escribe en las columnas de abajo varias acciones que reflejan tu matrimonio:

ACCIONES RESPETUOSAS QUE CONSTRUYEN   ACCIONES IRRESPETUOSAS QUE DESTRUYEN

_____   _____

_____   _____

_____   _____

_____   _____

_____   _____

_____   _____

_____   _____

_____   _____

_____   _____

_____ ■ _____ ■

♥ 7. ¿Qué puedes hacer en las próximas veinticuatro horas para comunicarle respeto a tu esposo?

_____

_____

_____

_____

_____ ■

DÍA 2

Tu zona de poder: compañerismo

Prepárate para enfocarte en la segunda necesidad más grande de tu esposo: la necesidad de compañerismo. Reiteramos, ya que la compañía es una necesidad profunda de tu esposo, esta se convierte en una zona de poder para ti. En las Escrituras Dios deja en claro que el hombre necesita que la mujer sea su compañía. "Dios dijo: 'No es bueno que el hombre esté solo; le haré una ayuda idónea, una compañera'" (Génesis 2:18, MSG).

Imagínate que comprendiste completamente la necesidad profunda de respeto de tu esposo, pero que ahí te quedaste.

Tu relación completa con él fue construida basada en el respeto. Lo escuchas y apruebas sus pensamientos y decisiones. ¿Es esa la clase de esposa que quieres ser? ¿La esposa que tu esposo desea? ¿La esposa que Dios te llamó a ser?

Mientras que el respeto es de vital importancia, no es la única necesidad de tu esposo. Dios te creó para ser amiga de tu esposo y compañera de confianza.

El diccionario define la compañía como "el efecto de estar con alguien". Un esposo lo dijo de esta manera: "Para un hombre, la compañía es más que estar juntos en el mismo cuarto. La compañía es compartir el espacio —estar lado a lado, compartir propósito—, metas comunes o intereses y compromiso mutuo".

Entonces ¿cómo puede una mujer, que está convencida de que la amistad nace de conversaciones profundas, crear compañerismo con su esposo, cuya definición de compañerismo es distinta a la de ella? Un escritor lo dijo así:

CÓMO TRATAR A UNA MUJER

Agasájala. Cena con ella. Llámala. Abrázala. Sorpréndela.
Halágala. Sonríele. Escúchala. Ríe con ella.
Llora con ella. Enamórala. Anímala. Cree en ella.
Ora con ella. Ora por ella. Sostenla. Sal de compras con ella.
Dale joyas. Cómprale flores. Toma su mano.
Escríbele cartas de amor. Ve hasta el fin del mundo y
regresa por ella.

CÓMO TRATAR A UN HOMBRE

Aparécete desnuda. Trae pollo frito. No bloquees la tele.[3]

¿Estamos sugiriendo que llegues desnuda, traigas comida y no bloquees la televisión? No… pero estamos sugiriendo que tienes poder en tu compañía. Fuiste diseñada para ser la compañera de confianza, el complemento y la amiga de tu esposo. Dios dice que la amistad es una necesidad profunda en tu hombre.

El compañerismo es muchas cosas. Te mostraremos dos aspectos importantes de una amistad profunda.

Compañerismo es compartir con tu esposo.

Tal vez pienses: *Trato de compartir la vida con mi esposo todo el tiempo pero él no está interesado.* He aquí el problema: compartir la vida no solo significa hablar de la vida. Pongámoslo de esta manera: **a los hombres les gusta vivir la vida juntos mientras que sus esposas quieren procesar la vida juntos**. ¿Qué le gusta hacer a tu esposo? ¿Salir de excursión? ¿Ver películas? ¿Jugar golf? ¿Construir cosas? *No estamos sugiriendo que te vayas de cacería con tu esposo*, aunque podrías escoger eso. Pero pregúntate lo siguiente: "¿Qué clase de actividades disfrutamos mi esposo y yo juntos?".

DE CERCA CON
Linda

💜 1. Lee Génesis 2:18–20. ¿Por qué crees que Dios le pidió a Adán que le diera nombre a todos los animales antes de crearle compañera?

_____

_____

_____

_____∎

💜 2. ¿Cuáles son algunas maneras en que tu esposo quisiera que "compartieras la vida con él" y seas "su amiga"? (¡Tal vez quieras preguntarle!)

_____

_____

_____

_____

_____∎

Si un psicólogo nos hubiera dado una prueba de personalidad y temperamento a Jody y a mí antes de casarnos, tal vez hubiera dicho: "Deténganse y piensen antes de dar el ¡sí!". Jody y yo no solo somos diferentes, somos sumamente diferentes. Jody es un pensador; yo soy una sentimentalista. Él es muy flexible y a mí me encanta la estructura. A mí me gustan las películas con dramas personales. A él le gustan las películas de ciencia ficción, jugar ajedrez, estudiar teología y astrofísica. Un año, como regalo de aniversario le regalé un crucero intelectual donde estudió la naturaleza y el origen del universo. Le fascinó la estimulación académica. A mí me fascina mirar el océano azul y estudiar a profundidad la intimidad con mi Abba Padre. A pesar de ser tan diferentes siempre encontramos gozo en ministrar juntos y criar a nuestros hijos. Nuestros hijos ahora tienen sus propios hijos. Después de casi cincuenta años de casados, Jody y yo seguimos siendo diferentes, pero nos animamos en nuestras "diferencias" y buscamos cosas para disfrutar juntos. Dar caminatas por las montañas, acampar en el verano y aconsejar parejas jóvenes nos trae gozo e intimidad.

¡TENGO PODER! 19

¿Qué tal te gustaría estar casada con un "experto" en el matrimonio y la familia? Aunque a Mike le gusta decir "¡me acuesto con mi terapeuta!", no le gusta tanto vivir con alguien que puede "sacar sus credenciales" cuando tenemos una discusión. Por ejemplo, si no estamos de acuerdo en cómo disciplinar a nuestros hijos, le puedo recordar que "soy la doctora Juli Slattery. ¡Creo que sé más que tú de disciplina!". Este es un claro ejemplo de cómo podría usar mis puntos fuertes para amenazar a mi esposo en vez de edificarlo. Al aprender a usar mis poderes sabiamente, veo que Mike aprecia mi conocimiento y experiencia como psicóloga. Es un recurso para él en vez de ser algo que me da una ventaja. Pero tengo que escoger complementarlo con mis puntos fuertes en vez de competir con él.

♥ 3. Lee Proverbios 31:10–31. Escribe las formas en las que ves que esta mujer es una buena compañera para su esposo.

_____

_____

_____

_____ ∎

Compañerismo es brindar tu fortaleza a tu esposo. Puedes usar tus puntos fuertes para competir con tu esposo o para completarlo. Por ejemplo, tú podrías entender las relaciones mejor que tu esposo. ¿Usas tu "intuición femenina" para ayudarlo o para aventajarlo?

♥ 4. "En ella confía el corazón de su marido…" (Proverbios 31:11, LBLA). Parte del compañerismo es ser una compañera confiable que está dispuesta a plantear problemas difíciles y aun confrontar cuando sea necesario. Pero tu habilidad para hacerlo depende de la confianza que te tenga tu esposo. ¿Piensas que tu esposo cree que quieres lo mejor para él? ¿Por qué si o por qué no?

_____

_____

_____

_____ ∎

¡La amistad requiere trabajo! Pasar tiempo juntos, comunicarse, sacrificarse, resolver conflictos y comunicarse en situaciones difíciles. La amistad en el matrimonio no es diferente. No se vuelven amigos solo porque comparten una casa, un presupuesto y los hijos. Tienes que escoger construir una amistad con tu esposo.

♥ 5. ¿Cómo has usado tu poder de compañerismo para construir o destruir la intimidad con tu esposo?

_____

_____

_____ ■

♥ Tarea práctica: ¿Qué puedes hacer esta semana para llegar a ser una mejor amiga para tu esposo?

_____

_____

_____ ■

DÍA 3
Tu zona de poder: el sexo

*S*am y yo habíamos estado casados por unos diez años cuando comencé a preguntarle cómo se sentía acerca del sexo. Sabía que le gustaba, pero no entendía por qué era la gran cosa. Así que le pregunté: "¿Te gusta el sexo más que el pastel de manzana [su postre favorito]?". Sam dijo que sí. "¿Te gusta más que andar en tu bicicleta de montaña [su actividad favorita]?" Sam dijo que sí. "¿Si tuvieras que escoger entre el sexo e ir de vacaciones, que escogerías?" Sam dijo: "¡Sexo en las vacaciones!". —Dawn

La sexualidad es una fuerza poderosa. La mercadotecnia lo sabe. Usan el sexo para vender de todo, desde carros hasta cerveza. Satanás lo sabe. Ha enlistado su ejército de demonios para distorsionar y pervertir la intención de Dios para la sexualidad. Las prostitutas lo saben. Se visten provocativamente y usan el sexo para obtener ingresos. Y ciertamente Dios lo sabe. Él lo inventó e infundió en el acto mismo la habilidad de disfrutar de un placer exquisito para el hombre y la mujer, pero también de crear un nuevo ser. Pero ¿tú sabes esto? ¿Sabías que tu sexualidad está diseñada para ser una fuerza poderosa en tu matrimonio? Este poder increíble fue dado por Dios, específicamente para ti, como una forma tangible de dar y recibir el amor y la intimidad más profundos.

Permítenos decirte un secreto acerca de los hombres. Los hombres no hablan de este secreto porque frecuentemente no saben cómo expresarlo en palabras, pero saben que es cierto con cada fibra de su ser.

La cercanía para él es cuándo están desnudos cuerpo a cuerpo.

Un esposo lo dijo así: "Después de hacer el amor con mi esposa me siento satisfecho y completo. Mi vida está en paz".

♥ 1. ¿Has considerado que la necesidad sexual de tu esposo te da poder en tu papel como esposa? Piensa en tus años de matrimonio. Escribe un enunciado describiendo cómo has usado este poder en tu matrimonio.

_____

_____

_____

_____ ■

♥ 2. Ayer leíste Génesis 2:18–20. Léelo otra vez hasta el versículo 25. Dios declara que el compañerismo es vital para un hombre y añade una tercera necesidad. ¿Por qué crees que Dios menciona tanto el compañerismo como la intimidad sexual en este pasaje?

_____

_____

_____ ■

La mayoría de las mujeres saben que el sexo es una fuerza poderosa. La Biblia está llena de ejemplos de hombres que cometieron errores enormes debido a malas decisiones sexuales, como David y Sansón. Pero el sexo no es solo una fuerza negativa poderosa que arruina vidas. Fue diseñado por Dios para ser una fuerza positiva para la esposa en el matrimonio. Dios es muy específico en las Escrituras al describir la belleza y el gozo profundo del amor sexual.

♥ 3. Escribe Proverbios 5:18–19 aquí:

_____

_____

_____

_____ ■

♥ 4. ¿Cómo debes usar tu poder sexual como esposa según este versículo?

_____

_____

_____ ∎

♥ 5. El versículo 19 dice que el esposo debe ser "transportado con deleite" (AMP) en el amor sexual de su esposa. Piensa en una vez que usaste tu poder sabiamente y transportaste a tu esposo con deleite a través de tu amor. ¿Qué resultados positivos viste de tu decisión?

_____

_____

_____

_____ ∎

♥ 6. Ya que el sexo es una zona de poder para la mujer, existe la tentación de usarlo para vengarte cuando estás enojada o herida. Reflexiona sobre una ocasión que tontamente abusaste de tu poder rehusando el regalo del sexo como forma de castigo para tu esposo. ¿Cómo impactaron tus acciones y actitudes la unidad con tu esposo?

_____

_____

_____

_____ ∎

DE CERCA CON Juli

Pasaron muchos años antes de que me percatara de la fuerza poderosa que es el sexo en mi matrimonio. Con todas las ocupaciones de criar tres niños, trabajar y las responsabilidades de la vida, pensé que era normal dejar que este aspecto del matrimonio pasara a segundo plano. Honestamente, el sexo no era una prioridad para mí. Entonces empecé a ver que si no usaba mi poder en esta área, estaba permitiendo que otras mujeres y las tentaciones sexuales tuvieran más poder en la vida de mi esposo. Sentí celos de ese poder: ¡es mío! Yo soy la que debo cautivar a Mike. ¡No quiero que nadie más tenga ese poder que Dios me dio!

El propósito de *En busca de la pasión* es enfocarnos en lo que la Palabra de Dios nos enseña en esta área de poder. Queremos que entiendas lo precioso que es tu poder en el área sexual de tu matrimonio. Queremos enseñarte cómo permitir que Dios reclame y redima tu sexualidad. Anhelamos ver matrimonios fortalecidos por la intimidad sexual y no destruidos por ella. ¡Este es un trabajo que Dios anhela hacer en TU matrimonio!

DÍA 4
Tu opción de poder

El poder que Dios te ha dado como esposa es como un banco de tres patas. Aunque el respeto, el compañerismo y la intimidad sexual son necesidades separadas para un hombre, también están entretejidas y se fortalecen una a la otra. Cuando una pata del "banco" está rota, las otras patas se afectan.

Sandy y Jim vinieron a consejería porque la intimidad sexual en su matrimonio estaba muerta. Sandy quería tener intimidad con su esposo, pero él casi no estaba interesado. Antes de casarse, Jim hablaba sin parar acerca de lo mucho que anhelaba la relación sexual en su matrimonio. No podía quitarle las manos de encima a Sandy. Pero ahora estaba completamente retraído.

A través de la consejería fue evidente que Sandy "llevaba los pantalones" en la familia. Era una mujer fuerte con sus propias opiniones que se frustraba frecuentemente por la pasividad de su esposo. A lo largo de sus seis años de matrimonio, su relación se había convertido en una dinámica de madre e hijo: Sandy regañaba a Jim mientras él se volvía más pasivo.

Con el tiempo Jim pudo comunicar que el clima emocional de su relación impactaba profundamente su deseo de intimidad sexual con Sandy. La falta de confianza de su esposa en él se había metido en la habitación.

La historia de Jim y Sandy nos deja claro que la intimidad sexual no se da en un vacío. La forma en que usas tu poder en una área del matrimonio construirá o destruirá cada aspecto de la intimidad.

Al profundizar en este estudio, tienes que tomar una decisión. ¿Examinarás atentamente el poder que tienes en tu matrimonio? ¿Serás honesta en cuanto a cómo has estado usando este poder?

Es tu poder… es tu decisión.

Entendemos que, para algunas de ustedes, lo que han escuchado y leído esta semana ha sido desafiante o aun intimidante. Basado en nuestras conversaciones con muchas mujeres a través de los años, sabemos que ya empezaste a subir tus defensas. Tal vez estés pensando algo así:

"¿Por qué tengo que ser yo la que cambie? Voy a todos los seminarios, leo todos los libros, pero él no levanta ni un dedo para aprender a ser un mejor esposo".

"Tengo miedo de siquiera anhelar la intimidad en mi matrimonio. Ya me ha lastimado y defraudado muchas veces".

"Tú no entiendes lo difícil que es mi esposo".

"Honestamente, prefiero tener el control que aprender a ser íntima en mi matrimonio. Es más importante sentirme segura que cerca de mi esposo".

💟 1. ¿Algunas de estas declaraciones representan tus sentimientos al explorar el tema de la intimidad en el matrimonio? Si es así, ¿por qué?

_____

_____

_____ ■

💟 2. ¿Qué opinas del mensaje de Proverbios 14:1? Anota algunos enunciados describiendo el poder único que tienes en el matrimonio.

_____

_____

_____

_____ ■

💟 3. ¿Por qué piensas que una mujer escogería, consciente o inconscientemente, destruir la intimidad en su matrimonio con su poder?

_____

_____

_____ ■

No todos los matrimonios llegarán a ser profundamente íntimos por el solo hecho de que una mujer escoja usar su poder para edificar a su esposo. Algunas relaciones están llenas de serios problemas espirituales y emocionales que necesitan ser afrontados por ambos. Aunque Dios no promete resucitar tu matrimonio, sí promete las bendiciones que recibe una mujer cuando escoge ser fiel. La Biblia está llena de la certidumbre de que Dios ve las decisiones que tomas y que Él "le pague a cada uno [o a cada una] según su rectitud y lealtad" (1 Samuel 26:23).

La decisión de cómo usar tu poder como esposa no es solo acerca de construir intimidad en el matrimonio, sino también de tu fidelidad a Dios y confianza en Sus promesas.

Nadie tiene el poder de animar a tu esposo como lo tienes tú. Más que cualquier otro ser humano, tú eres la que conoce su necesidad más profunda, su vulnerabilidad, sus áreas de sensibilidad y sus debilidades secretas. Tú también sabes mejor que nadie su potencial como hombre, sus áreas de talento y sus fortalezas secretas. Eres descrita como su "ayuda idónea, su complemento, la que va a su lado". Así que pregúntate: "¿Cómo puedo ayudarlo? ¿Cómo camino junto a él? ¿Cómo puedo usar mi conocimiento íntimo de mi hombre para edificarlo y para que sus fortalezas sean aún más fuertes?".

DE CERCA CON
Linda

Tengo un versículo favorito que ha sido clave para que la gratitud hacia mi esposo fluya. Es Filipenses 4:8. Lo tengo enmarcado en mi casa porque necesito esta sabiduría continuamente.

Por lo demás, hermanos, todo lo que es verdadero, todo lo digno, todo lo justo, todo lo puro, todo lo amable, todo lo honorable, si hay alguna virtud o algo que merece elogio, en esto meditad. (LBLA)

Tomé las palabras de Filipenses 4:8 y las apliqué a mi esposo en mi diario. Los primeros días eran así:

Domingo—verdadero. Jody está comprometido con la verdad y vive lo que es verdadero.

Lunes—honorable (digno de respeto). Jody es increíble en la forma que ha ahorrado para nuestro retiro.

Martes—justo. Jody lucha por lo que es correcto y justo. Ya sea creación vs. evolución o temas políticos, siempre apoya lo que es correcto (o de lo que él está convencido es lo correcto).[4]

Una decisión que puedes tomar el día de hoy es decidir ver a tu esposo en la forma que Dios quiere que lo veas. Tu esposo reaccionará no solo a lo que dices o haces, sino también a cómo escojas verlo. Podrías necesitar un paso de fe para recordar por qué te enamoraste de este hombre. Por debajo de sus debilidades hay fortalezas que tal vez hayas olvidado agradecerle a Dios. Encontrar la fuerza para usar tu poder correctamente empieza *escogiendo* dar gracias por la persona que es tu esposo, no quejándote por lo que quieres que él sea.

🤍 4. Escribe Filipenses 4:8 en varias tarjetas 3 x 5 y colócalas donde puedas leer este poderoso versículo durante el día (en tu carro, en la cocina, en el espejo del baño). Si estás al día con la tecnología, ponlo en tu iPhone, iPad o computadora.

Este versículo no dice si *todo es una virtud y si todo merece un elogio*, enfócate en estas cualidades de tu esposo. Las palabras son *alguna y algo*. Si puedes encontrar algo digno de elogiar en tu hombre, medita en eso. Bastante increíble. Y una clave para que tu esposo sea mejor.

🤍 5. Medita en Filipenses 4:8. Pídele a Dios que te muestre cualidades dignas de elogio en tu esposo. Anota dos o tres aquí:

_____

_____

_____

_____

_____

_____

_____

_____ ∎

♡ 6. Escribe una oración a Dios dándole gracias por lo singular que es tu esposo. Puedes mostrarle tu oración a tu esposo o escribirle un correo electrónico o una carta expresándole lo agradecida que estás por quién es él y lo que hace.

_____

_____

_____

_____

_____ ■

Bev escribió esta oración acerca del pasaje basado en Filipenses 4:8:

Señor, quiero fijar mis ojos en todo lo que es verdadero y honorable acerca de Gary porque él ES un hombre honorable. Quiero pensar y actuar de forma admirable, pura y honorable que lo haga sentirse seguro en nuestra relación. Quiero ser una mujer excelente y digna de elogio porque él lo merece. Quiero poner estas cosas en práctica, envueltas en amor y llenas de una cantidad abundante de humor, aventura y diversión. Quiero seguir aprendiendo, trabajando e intentando ser lo mejor para que Su paz sea un valla de protección alrededor de nuestro hogar, nuestra vida y nuestro corazón.

Cuando escoges cambiar tu perspectiva, Dios te cambia a ti. En vez de ver a tu esposo como un adicto al trabajo, ves a un hombre disciplinado que sabe mostrar su amor a través de la provisión. En vez de ver un hombre introvertido y aburrido, ves a un hombre que te da estabilidad en medio de las tormentas de la vida.

No importa cuánto tiempo llevas de casada, puedes escoger hoy construir con tu poder la intimidad en el matrimonio. Escoge sabiamente. Habla positivamente. Tienes el poder en tus manos de crear intimidad o distancia con el hombre que amas. Y al buscar a Dios, espera que Él actúe abundantemente y más de lo que puedas pedir.

DÍA 5
El lugar secreto: intimidad con Dios

Durante los últimos cuatro días te hemos retado a considerar cómo usar tu poder como esposa para influenciar positivamente la intimidad con tu esposo. Te retamos a mirar cómo tus zonas de poder corresponden directamente a sus necesidades básicas de respeto, compañía y sexo. Te invitamos a considerar cómo tú, como su esposa, estás exclusivamente cualificada para llenar esas necesidades como ninguna otra persona puede hacerlo. Ahora nos preguntamos: ¿cómo respondiste?

Algunas de ustedes están más que dispuestas a encarar esos retos. Pero ¿otras? No tanto.

"Quiero usar mis zonas de poder para hacer que mi matrimonio sea increíble, pero lo intento y fallo, vuelvo a tratar, y fallo. ¡Ayúdame, Dios mío!"—Yoshiko, 28

"¿Respeto? ¿Compañerismo? ¿Sexo? Me falta tanto que ni siquiera sé por dónde comenzar".—Catherine, 37

"¿Zonas de poder? Tomé el poder y lo usé como un mazo. Nuestra intimidad es inexistente".—Emily, 48

Multitudes de esposas se unen en coro a Yoshiko, Catherine y Emily y dicen: "No podemos edificarlo. No podemos sobreponernos a las desilusiones y los temores que la intimidad representa". A través de este estudio te haremos preguntas difíciles. Te pediremos que hagas cosas difíciles. Ya viste una muestra en los últimos días. Tal vez te sientas como el apóstol Pablo cuando escribió:

"…. Aunque deseo hacer lo bueno, no soy capaz de hacerlo" (Romanos 7:18).

Tal vez parezca que el matrimonio que anhelas y el matrimonio que hoy tienes están mundos aparte. Sabemos que esta situación puede ser desesperante. Pero no estás sola. Estamos junto a ti como amigas, consejeras y esposas que aún están creciendo y aprendiendo. La mejor noticia es que tu Abba Padre, el creador del matrimonio, también está contigo. Su Espíritu Santo es el Consejero, Consolador y Ayudador. Él te dará exactamente la ayuda y el ánimo que necesitas cada semana, aun cuando tengas que considerar las preguntas sobre el sexo.

Has estado aprendiendo a usar tus zonas de poder para crear una intimidad más profunda con tu esposo, ¡y eso es importante! Pero la mejor manera de crecer en tu intimidad con tu esposo es crecer en intimidad con el Señor. Necesitas más que zonas de poder… necesitas la Fuente de Poder. ¿De dónde viene el poder? De cultivar una relación con Dios.

Al igual que una relación humana, la intimidad con Dios se construye a través del tiempo cuando decides conocerle. Cada semana en el día 5, te animaremos en otro aspecto para crecer en intimidad con Dios. A este momento especial lo llamaremos "el lugar secreto". Este tiempo a solas con tu Abba Padre te equipará con la sabiduría que necesitas para responder con gracia en la dificultad, o con amor a un esposo que no está actuando de una manera digna de amar. Jesús, el Hijo de Dios, no solo nos enseñó a pasar tiempo a solas con Su Padre, sino que lo practicaba regularmente.

1. Lee Marcos 1:35 y Lucas 5:16. ¿Qué aprendiste de Jesús y la importancia de pasar tiempo a solas con Dios?

_____

_____

_____

💟 2. Lee Mateo 6:6. ¿Qué te enseña este versículo acerca de escoger pasar tiempo con Dios?

_____

_____

_____ ∎

Cuando tú escoges pasar tiempo a solas con el Señor, nadie te verá ni te recompensará excepto tu Padre Celestial. Sí, requiere sacrificar tu tiempo. Podrías usar ese tiempo para terminar algunas cosas o tal vez dormir una hora más. Creer que tu tiempo con el Señor te equipará con el poder para construir tu matrimonio requiere fe. ¿Lo harás una prioridad?

Durante todos estos años, ambas hemos batallado para que el tiempo con Dios sea una prioridad. Aun con las mejores intenciones, la vida se interpone y la intimidad con Dios se vuelve un sueño distante. Sin embargo, hemos aprendido que no podemos hacer las cosas difíciles que Dios nos pide si no pasamos tiempo con Él, siendo animadas por Su amor y poder. Enfrentarás "murallas" en este estudio. Tu tiempo a solas con Dios debe ser tu fuente de poder si quieres cambiar. He aquí algunas sugerencias prácticas que te ayudarán a proteger tu tiempo con Dios:

Busca un lugar. Empieza por buscar un lugar especial en tu casa donde siempre puedas estar a solas con Dios. Juli tiene un sillón junto a la chimenea y ese es su lugar. Linda tiene un sillón de oración creado entre las rocas detrás de su casa adonde va cuando el clima se lo permite. Cuando el clima no coopera se acurruca en el sofá con su Biblia.

Establece un tiempo. El siguiente paso es dedicar un tiempo para estar con el Señor regularmente. Tal vez te guste la mañana porque la casa está en silencio. O tal vez prefieres la noche. Pero te pedimos que dediques este tiempo a estudiar, reflexionar, orar y derramar tu corazón a Aquel que te ama.

💟 3. ¿Cuál es el mejor tiempo y lugar para que regularmente pases tiempo a solas con el Señor?

_____

_____

_____ ∎

💟 4. ¿Qué barreras se podrían interponer cuando tratas de cultivar esta amistad íntima con Dios? ¿Cómo puedes planear para prevenir estas barreras?

_____

_____

_____ ∎

Cuando estés a solas con Dios esta semana, póstrate de rodillas, abre las manos y derrámale tu corazón a Él. Dale gracias por lo que estás aprendiendo. Comparte con Él los temores y gozos de tu matrimonio. Dile que dependes desesperadamente de Él para darte poder, motivación y fuerza para crecer como esposa. Confía en que Él ha diseñado un camino exclusivo para ti como esposa y que Él caminará junto a ti en cada paso que des.

5. Escribe una oración a tu Abba Padre expresando el deseo de tu corazón para estas diez semanas.

_____

_____

_____

_____

_____

_____

_____

_____

_____

_____

_____

_____

_____

_____

¿Yo, buscando la pasión?

(De Juli) Cuando conocí a Linda, ya tenía dieciséis años de matrimonio y era una psicóloga clínica que había escrito un libro sobre el sexo. Aun así, el Señor tenía mucho que enseñarme sobre Su diseño del sexo en el matrimonio. Me avergüenzo al decir que nunca había estudiado seriamente el libro más explícito de la Biblia sobre el sexo: el Cantar de los Cantares. No entendía lo de la gacela brincando y la poesía sobre huertos frutales. Linda me dio la tarea de estudiar Cantares y escribir lo que aprendí de la joven novia acerca de cómo ser una amante para Mike. Después de hacer mi tarea, esto es lo que escribí:

Cada día de las madres en los últimos años, pareciera que he sido confrontada con la "mujer maravilla" de la Biblia, la mujer de Proverbios 31, que ejemplifica a una madre virtuosa, esposa y líder comunitaria. Prácticamente he memorizado esta porción de la Escritura, no porque haya tratado de aprendérmela, sino porque la he leído y la han predicado muchísimas veces.

Hace poco conocí a una nueva heroína en la Biblia en un lugar inesperado. De hecho, se encuentra en un libro que por muchos años no entendí: Cantares. Al igual que la mujer de Proverbios 31, su nombre no se menciona, así es que la llamaré "Mujer Supersexy" (MSS como abreviatura). ¡Yo creo que la MSS es más inspiradora y convincente que la Señora Proverbios 31! Sin embargo, me parece extraño no encontrar ningún estudio bíblico que resalte sus virtudes ni que la exalte como ejemplo. Como esposa joven, nadie me llamó aparte y me dijo: "¡Sé como ella!". Aun así me imagino que la mayoría de los esposos, si tuvieran que escoger, preferirían una MSS y no una esposa de Proverbios 31.

Tal vez las iglesias no pongan tanto énfasis en la MSS, pero la Palabra de Dios sí lo hace. Míralo de esta forma… la mujer de Proverbios 31 recibe medio capítulo con 21

CAPÍTULO 2

TEMA:

¡Dios quiere que busques la pasión en tu matrimonio!

VERSÍCULO LEMA:

… Comed, amigos: bebed y embriagaos, oh amados.
(Cantares 5:1, LBLA)

versículos, mientras que la MSS tiene 8 capítulos con 117 versículos. Creo que vale la pena descubrir por qué.

Queremos que entiendas una verdad muy importante del Cantar de los Cantares: la pasión sexual —estamos hablando de una pasión candente y desbordada entre un esposo y su esposa— es una meta que honra a Dios. Llévalo un paso más allá. Dios quiere que seas una amante excitante para tu esposo. La pasión sexual en el matrimonio no está teñida de inmoralidad y tampoco es neutral ni un asunto de tomar o dejar. Es una meta honorable y digna.

A través de este estudio, te familiarizarás con la "Mujer Supersexy" y el Cantar de los Cantares. Estamos convencidas de que oculto en estas páginas está el mensaje que puede transformar la intimidad en tu matrimonio.

DÍA 1
Conozcamos a la Mujer Supersexy original

Cuando se trata de edificar intimidad, Dios nos ha dado un maravilloso modelo para estudiar: la esposa del Cantar de los Cantares. Este libro contiene una imagen viva de una esposa que usó su poder para promover la intimidad. Los mensajes de este hermoso libro están escondidos, esperando ser descubiertos y aplicados por una esposa que, como tú, anhela desesperadamente la pasión en su matrimonio.

Nuestro Dios escribió las Escrituras —los sesenta y seis libros— para enseñarte todo lo que Él es como Padre, Hijo y Espíritu e instruirte en el camino de la salvación y la madurez. A Él le importaba tanto cada área de tu vida —aun el sexo— que uno de los sesenta y seis libros de la Biblia es una dulce enseñanza de la intimidad sexual. Nosotras pensamos que es revelador que las iniciales del libro del Cantar de los Cantares [en inglés el libro se llama *Song of Solomon*] son SOS, la señal internacional de "¡AUXILIO!". Dios sabe que necesitamos ayuda. Él sabe las tentaciones que enfrentamos, los temores que nos acosan, las heridas del pasado y la lucha de conectar sexualmente con una persona que es tan diferente. Él ha provisto ayuda a través de este libro erótico y misterioso.

Como confesé anteriormente (Juli), nunca había entendido bien la importancia del libro el Cantar de los Cantares. No queremos que minimices el poderoso ejemplo de la MSS porque no logras comprender el propósito y las imágenes de este libro. Así que, la tarea del primer día de esta semana es ayudarte a entender el SOS.

♥ 1. Escribe un párrafo expresando lo que piensas que significa SOS.

_____

_____

_____

_____ ∎

💟 2. ¿Por qué crees que Dios escogió inspirar el SOS como parte de Su Palabra para nosotros?

_____

_____

_____ ■

El mensaje dentro del SOS puede parecer un misterio. A primera vista, sabes que Salomón está escribiendo sobre algo sexual, pero tal vez no estés segura de qué se trate.

¿Por qué es tan difícil entender este Cantar?

Las escenas en este drama no están en orden cronológico.

El estilo poético de este Cantar es un tipo de poesía hebrea llamada idilio lírico. Una de las características de este estilo es que las escenas son una serie de recuerdos; no están en orden. Si eres una persona lógica, que piensa linealmente (como Juli), tal vez sea frustrante para ti. Sin embargo, parte de la creatividad expresada en este libro es traer recuerdos del pasado a lo que está sucediendo en este momento. Al leer este libro, ¡prepárate para atestiguar escenas eróticas sexuales y entonces recordar la boda!

Las referencias sexuales se explican a través de imágenes alusivas y simbolismos.

Hace poco yo (Juli) encontré a uno de mis hijos debajo de mi escritorio escondido mirando intensamente mi Biblia. Alguien en su escuela cristiana le habló de algunos versículos bíblicos "interesantes". ¡Sí, mi hijo de nueve años estaba leyendo el libro de Cantares! Esto me hizo sentir _muy_ agradecida de que Dios inspirara a Salomón a usar imágenes poéticas para describir actos sexuales explícitos. Por ejemplo, cuando el esposo entra al "jardín" de su esposa, la imagen se refiere a… bueno, creemos que ya sabes. Las "mandrágoras" y "granadas", las cuales derraman sus semillas cuando se abren, simbolizan fertilidad y virilidad; "miel" y "vino" comunican deseos intensos y eróticos.

Tal vez Dios le dijo algo así a Salomón:

"Escribe un drama de la vida real que capte la pasión, la aventura y el misterio del matrimonio, pero no pases por alto los problemas cotidianos. Sé franco y preciso cuando hables de la intimidad sexual, pero escríbelo de tal manera que si un niño lee estas palabras, su inocencia permanezca intacta. En cuanto a la actividad sexual, sé lo suficientemente específico como para ayudar, pero sensible como para no ofender. Sé espiritual y a la vez práctico; sé sano y a la vez sensual. ¡Y hazlo todo en 122 versículos o menos!".[1]

El resultado final es un libro acerca del sexo que es específico y a la vez poético. Franco y a la vez inocente. Simple y a la vez profundo. Confuso y a la vez directo. En verdad, el librito del Cantar de los Cantares es un libro sorprendente. ¡Estamos ilusionadas y emocionadas por guiarte hacia las riquezas de Cantares, ya que es aquí donde descubrirás qué significa ser una Mujer Supersexy!

¿De qué se trata este Cantar?

La primera parte de este Cantar se enfoca en las pasiones e inseguridades que enfrentan los recién casados. Presenciamos al rey y a su hermosa esposa virgen correr hacia la recámara y consumar su matrimonio. El calor se siente a través de las páginas al contemplar el intercambio de frases cariñosas y caricias candentes y a la vez apropiadas. Entonces, hacia la mitad de este Cantar, surge un problema. El egoísmo se entromete mientras la MSS sueña con un problema recurrente en su relación sexual. En el sueño, Salomón viene a la MSS ya avanzada la noche exigiendo relaciones sexuales. Ella lo rechaza porque quiere dormir, entonces se siente mal y va en busca de él. Cerca del final, el libro expresa una de las declaraciones más poderosas de la Biblia sobre el amor matrimonial: "Fuerte es el amor, como la muerte, es eterno y dura para siempre, la llama misma del Señor" (Cantares 8:6, nuestra paráfrasis de LBLA).

¿Literal o figurativo?

Hay mucho debate acerca de la interpretación del Cantar de los Cantares: si debe ser literal (acerca de la intimidad sexual en el matrimonio) o figurada (sobre la relación de Dios con su pueblo). Como aprenderás la semana próxima, la intimidad sexual es una metáfora que Dios usa para describir la intimidad con Su pueblo escogido. Creemos que Cantares es tanto literal como figurado. Sin embargo, a través de este estudio, lo estaremos estudiando en relación a la intimidad matrimonial.

¿Por qué deberías escuchar a Salomón?

Salomón no parece ser el modelo perfecto del amante: tuvo cientos de esposas. Primero, permítenos decir que nosotros también nos hicimos la pregunta "¿por qué Salomón?". Es importante saber que Salomón heredó muchas de sus esposas y concubinas de su padre; otras las adquirió por alianzas políticas. También, 1 Reyes indica que no fue hasta más tarde en su vida que Salomón acumuló todas sus esposas, lo cual fue su ruina (1 Reyes 11:4). Aun así, seguimos pensando que Salomón no tiene las credenciales adecuadas para darle consejos matrimoniales a nadie… mucho menos a cristianos. No estábamos seguras de si podíamos confiar en Salomón. ¡Pero sí confiamos en Dios! El currículum de Salomón tiene una credencial positiva que cubre todas sus debilidades como escritor de un libro sobre el amor matrimonial. Dios escogió a Salomón para escribir el Cantar de los Cantares.[2]

💜 3. Ahora llegó el momento de abrir tu biblia y leer Cantar de los Cantares de principio a fin. Solo tiene ocho capítulos, así que no tardarás mucho en hacerlo. Escribe cualquier nueva observación que tengas ahora que entiendes mejor cómo fue escrito el libro.

_____

_____

_____ ■

♥ 4. ¿Cómo describirías a los "personajes principales" de SOS?

_____

_____

_____ ■

♥ 5. ¿Qué crees que el Señor quiere enseñarte en el estudio del Cantar de los Cantares y la MSS?

_____

_____

_____ ■

♥ 6. Escribe una oración al Señor expresándole tus pensamientos por incluir SOS en la Biblia. Dile lo que quieres aprender al estudiar este libro en los siguientes días.

_____

_____

_____

_____ ■

DÍA 2
La MSS: una mujer que supo usar su poder

Recuerdas el versículo lema de la semana pasada, Proverbios 14:1? Si no, aquí está otra vez: "La mujer sabia edifica su casa; la necia, con sus manos la destruye". Estudiaste cómo usar tu poder sabiamente como esposa.

Mientras que el versículo dice que construyes o destruyes la intimidad con las "manos", hemos aprendido que la boca parece participar más que las manos. Tal vez podríamos parafrasear este versículo así: "La mujer sabia construye su casa, pero la necia, con la *boca* la destruye".

Todo lo que sabemos de la MSS y su relación candente está captado en las palabras del Cantar de los Cantares. Por sus palabras sabemos que decidió usar su poder sabiamente. Hoy queremos estudiar cómo la Mujer Supersexy usó hábilmente sus tres áreas de poder para edificar una intimidad candente en su matrimonio. Ella elogiaba a su marido, se convirtió en su amiga íntima y se deleitaba en el amor sexual con él.

♡ 1. Lee el Cantar de los Cantares 2:3–13 y 5:10–16. Anota todas las maneras en las que la MSS describe a su marido.

_____

_____

_____ ■

♡ 2. Con base en su descripción, ¿cómo te imaginas a Salomón?

_____

_____

_____ ■

♡ 3. ¿Cómo usó la MSS sus palabras para aumentar su confianza en su esposo?

_____

_____

_____ ■

♡ 4. Lee el Cantar de los Cantares 7:9–8:3. ¿Qué crees que está pasando aquí? ¿Cómo usa sus palabras la MSS para seducir sexualmente a su esposo?

_____

_____

_____ ■

♡ 5. ¿Cómo crees que la mujer usa su poder de respeto, amistad y sexualidad en estos versículos?

_____

_____

_____ ■

Vemos la idea de compañerismo e intimidad sexual entretejida hermosamente en Cantar de los Cantares 5:16. Pensamos que este es uno de los versículos más poderosos sobre el matrimonio en las Escrituras. Ya que este versículo puede ser decisivo en tu intimidad, te vamos a pedir que lo memorices y lo lleves un paso más allá y hagas "más que memorizarlo". ¿A qué nos referimos con eso? Queremos que vayas más allá de saber las palabras, que las grabes en tu espíritu de tal manera que penetren todo tu ser y provoquen en ti nuevos pensamientos y acciones.

♥ 6a. ESCRIBE Cantar de los Cantares 5:16 aquí:

_____

_____

_____

_____ ▪

6b. MEMORÍZALO: repítelo una y otra vez hasta que las palabras fluyan fácilmente de tus labios.

6c. MEDITA en la hermosura del mensaje. ¿Qué significa que tu esposo es tu amante y amigo? ¿Cómo expresas la realidad de estas dos ideas en tu matrimonio?

_____

_____

_____ ▪

6d. PERSONALIZA el versículo escribiendo una oración a Dios. Esta es la oración de Carol:

Oh Dios, esta es una esposa apasionada. Su esposo le es completamente deseable. Ella ama sus besos. Y lo que creo que es más hermoso es que su esposo no es solo su amante, sino también su amigo. Dios, quiero que esto sea real para mi hombre y para mí. Por favor, ayúdame a verlo completamente deseable, como amigo, amante y compañero en la vida. ¡Oh, yo quiero que esto sea una realidad para nosotros!

_____

_____

_____

_____

VAYA _____

_____ ▪

DÍA 3
Una mujer que tenía permiso

De Juli:

La primera vez que estudié a la Mujer Supersexy estaba impresionada al ver cómo esta joven esposa buscaba la pasión. Ella tenía inseguridades acerca de su cuerpo y su habilidad de complacer a su esposo, igual que yo. Aun así, gozaba de mucha libertad con su cuerpo, su mente y sus palabras. Estas son algunas observaciones mías de la MSS.

Con iniciativa

La MSS no es una mujer que está sentada esperando que su esposo mencione la idea de las relaciones sexuales. Ella toma la iniciativa de pensar en su esposo, espera las relaciones sexuales y lo seduce. En círculos cristianos, frecuentemente escucho que la "buena esposa cristiana" responde a las insinuaciones de su esposo. Pero la MSS va más allá de eso: ella toma la iniciativa en el área de las relaciones sexuales. Busca, cautiva y ama a su esposo de una manera agresiva.

Desinhibida

Los pensamientos, las palabras y las acciones de la MSS podrían describirse como "exageraciones". Tal pareciera que no encuentra la forma adecuada de expresar cuánto lo ama y cuánto espera ser satisfecha en el amor sexual. Nada la inhibe.

Franca

Ella es franca en cuanto a su inseguridad de cómo se compara con otras mujeres. La mayoría de las mujeres se identifican con las inseguridades de la MSS acerca de su apariencia, pero ella no se queda ahí. Cuando su esposo responde con elogios y afirmaciones de que se delita en ella, ella no se resiste ni argumenta. En cambio recibe sus elogios y al final del libro la encontramos firme ante la mirada contempladora de su esposo, como una amante segura de que puede satisfacerlo.

Poderosa

Ella es una esposa que sabe usar su poder sexual. Utiliza toda su sexualidad—palabras, acciones, pensamientos y planes— para captar el amor de su esposo. Cuando enfrentan problemas ella responde buscándolo con elogios y seduciéndolo sexualmente en vez de castigarlo negándole lo que ella sabe recapturará su corazón.

Discreta

A pesar de que la MSS es una amante atrevida y segura de sí misma, no es considerada una mujer desvergonzada que los hombres deben evitar, como la descrita en Proverbios 5:1–6. ¿Por qué? Ella es apasionada, expresiva y desenfrenada, pero exclusivamente dentro de los confines del amor matrimonial. Todas sus fantasías son sobre su esposo y su unión íntima. Ella entiende que su sexualidad fue diseñada para ser expresada completamente —en cuerpo, alma y espíritu— para incitar y satisfacer *solamente* a su esposo.

¿Te preguntas cómo esta joven se convirtió en la Mujer Supersexy? ¿Qué ocurrió en su pasado que la hizo libre para ser una amante tan maravillosa con su esposo? ¿Cómo llegó a ser tan desinhibida? Creemos que hay un evento escrito en el Cantar de los Cantares que es la clave para entender su búsqueda de la pasión. Compartimos esta escena en el mensaje de esta semana. Ahora queremos mirarlo de cerca.

♥ 1. Lee Cantares 4:16–5:1 y escribe un párrafo describiendo lo que pasó.

_____

_____

_____

_____

_____ ∎

La escena de la noche matrimonial en Cantares 4:1–16 y 5:1 es santa y erótica. ¿Acabamos de usar esas dos palabras juntas, en un estudio bíblico? Sí. Mientras Salomón y su esposa yacen abrazados en el resplandor de su amor sexual, otra presencia entra al cuarto, y la escena se suspende momentáneamente porque se va a hacer un anuncio.

¿En serio? ¿Alguien invade la privacidad de estos amantes? ¿Alguien invade esta escena candente y a la vez santa para hacer un anuncio? ¡Sí! El Dios Santo, el Dios de Israel. Sabemos que algunos comentarios bíblicos atribuyen estas palabras a las "mujeres de Jerusalén". No estamos de acuerdo. Nosotras estamos de acuerdo con el Dr. Charles Ryrie y el Dr. Tremper Longman, que dicen que esta es la misma voz de Dios porque una bendición de esta magnitud debe venir de una autoridad más alta.[3] ¿Quién podría animar al rey y a la reina a participar completamente en el placer erótico del amor? Nadie más que el Dios Todopoderoso, el Rey del universo, y autor y creador del amor sexual.

Es como si Dios llegara al lecho matrimonial, extendiera Su mano para bendecir y pronunciara esta bendición para la pareja: "Comed, amigos; bebed y embriagaos, oh amados" (5:1, LBLA).

Si te dijéramos la traducción original de estas palabras en hebreo, el poder de la bendición de Dios te dejaría sin aliento al ver que Él exhorta a los amantes a embriagarse sexualmente. ¡Imagínate! Nuestro Dios Santo dice: "Embriágate en tu amor sexual! Tu unión sexual es pura, hermosa y correcta".

El Dios Creador aprueba y respalda el abandono de entregarse el uno al otro libremente como marido y mujer. Qué increíble, qué santo y sobrecogedor, que a nuestro Dios el Padre le importa tanto tu intimidad sexual que se aseguró de que hubiera una "bendición ceremonial" escondida en Su Palabra.

DE CERCA CON Linda

Crecí con una madre maravillosa y un padre alcohólico abusivo.
Lo que vi de intimidad entre mis padres fue a mi padre borracho arrastrando a mi mamá a la habitación. Odiaba pensar lo que le haría. Una psicóloga (¿verdad, Dra. Juli?) hubiera dicho que yo iba a tener problemas para disfrutar las relaciones sexuales en mi matrimonio. Pero a la edad de veinte años acepté a Cristo como Salvador y la Palabra de Dios se convirtió en mi guía para la vida, incluyendo la sexualidad. Vi en las Escrituras (especialmente en el Cantar de los Cantares) una intimidad libre y gloriosa y, como estaba en la Palabra de Dios, la creí y me di permiso para la pasión. Mi Abba Padre fue muy bondadoso al darnos a Jody y a mí el regalo del deleite de la pasión desde el principio de nuestro matrimonio. Sí, Él es un Dios bueno que tomó a una joven que tenía pensamientos negativos sobre las relaciones sexuales, que había tomado algunas decisiones equivocadas, y la bendijo con gozo y libertad sexual. Recuerdo que en los primeros años de nuestro matrimonio le pedí a Jody que me diera su imagen de la amante de sus sueños, lo cual hizo gustosamente y me dije: "¡Eso es lo que quiero llegar a ser!".

2. ¿Por qué crees que Dios escogió incluir esta "bendición ceremonial" en Su Santa Palabra? ¿Qué implicaciones tiene esto en cómo una pareja cristiana debe pensar sobre las relaciones sexuales?

_____
_____
_____
_____
_____
_____ ∎

3. ¿Cómo crees que tener la bendición de Dios en la intimidad sexual influyó en el enfoque de la MSS sobre el sexo en su matrimonio?

_____
_____
_____
_____
_____ ∎

¿Le importa tanto a Dios el sexo que inspiró a Salomón a escribir un manual sobre el sexo para que las parejas aprendieran? El mensaje de que Dios se preocupa por la intimidad en tu matrimonio no se limita a un SOS.

4. Busca Deuteronomio 24:5 y escríbelo aquí:

_____
_____
_____

_____

_____

_____

_____

_____ ∎

¡De todos los libros de la Biblia, probablemente no esperabas encontrar una referencia importante sobre el sexo en Deuteronomio! La palabra hebrea *samach*, traducida aquí como "trae felicidad", lleva la idea de "hacer a alguien feliz". El Dr. Howard Hendricks dice que esta "expresión abarca la felicidad en todas las áreas, pero ciertamente incluye el deleite sexual".[4]

La mayoría de nosotros no aplicamos este versículo durante el primer año de nuestro matrimonio. Ya sea que tengas un año de casada, dieciocho como Juli, o casi cincuenta como Linda, esta puede ser una época especial para pasar tiempo aprendiendo, concentrándote y orando sobre cómo llevar felicidad sexual a tu marido y él a ti. Es una meta digna de seguir y una meta que honra a Dios.

Salomón y su esposa estaban desnudos y no sentían vergüenza cuando el Dios Creador apareció en su recámara, caminó hacia la cama nupcial y los bendijo. La bendición de Dios les da permiso para que en abandono exploren sus cuerpos y se expresen amor. ¿Te darás *tú* permiso?

DÍA 4
¿Dónde está mi hoja de permiso?

Te parece extraño que Dios quiera que seas una esposa apasionada? ¿Realmente crees que Él quiere que seas una Mujer Supersexy? Si te parece un tanto atrevido para ti, no eres la única. Muchas esposas luchan con la idea de que buscar la pasión es algo que le agrada a Dios.

"¿Yo apasionada? Creo que estaba ausente el día que Dios repartió la pasión".

"¿Cómo puedes ser apasionada cuando tienes cincuenta kilos de más?"

"He tratado de ser apasionada con mi esposo, pero él no respondió. No creo que quiera exponerme a que me rechace otra vez".

"¡Tenemos tanta basura en nuestro matrimonio! Cosas que hemos hecho, que hemos dicho… nos sentimos sucios y lejos de la bendición de Dios".

Tal vez aceptes la idea de que Dios bendice esta aparente unión "perfecta" representada en el Cantar de los Cantares. Pero ¿y tu matrimonio imperfecto? ¿"Bendice" Dios la unión sexual entre un marido y una mujer que han traído tanto dolor y basura a la habitación?

La respuesta es SÍ.

Sabemos que tal vez enfrentes obstáculos significativos para aceptar la bendición de Dios a la intimidad sexual en tu matrimonio. Pero queremos que escuches esto bien claro: Dios ha bendecido las relaciones sexuales entre tú y tu esposo. No importa lo que hayan hecho, cuánto hayan luchado, qué basura hayan traído a su matrimonio o qué tan distorsionado se hayan vuelto las relaciones sexuales para ustedes; Dios desea redimir y restaurar la pasión entre tú y tu esposo. ¡Cuentan con Sus bendiciones y Su permiso!

Un esposo muy inteligente entendió esto, y cuando su esposa, Heidi, le preguntó qué quería para su cumpleaños, la respuesta de su esposo la dejó sin habla. "Heidi, todo lo que quiero para mi cumpleaños es que te des permiso de disfrutar, realmente disfrutar, una relación sexual apasionada".

Tal vez el mensaje más poderoso del Cantar de los Cantares es que Dios llama a las parejas casadas a la búsqueda de la pasión sexual. De hecho, ser una Mujer Supersexy supone una sociedad con Dios para reclamar el regalo hermoso que el pecado ha distorsionado. Es santo y justo que una mujer casada se mueva hacia la intimidad apasionada. No podemos decirlo lo suficiente: *Dios quiere bendecir tu relación sexual con tu esposo.*

Cuando Dios creó al hombre y la mujer en el jardín del Edén, la unión sexual era un aspecto importante de su relación.

1. Lee Génesis 2:21–24 y escribe una paráfrasis de lo que pasó en estos versículos.

_____

_____

_____

_____

2. Escribe Génesis 2:25.

_____

_____

_____

3. ¿Cuál es la importancia de este versículo?

_____

_____

_____

♥ 4. Lee Génesis 3:7. ¿Qué pasó después de que Adán y Eva pecaron? ¿Qué impacto tuvo eso en su intimidad sexual?

_____

_____

_____ ■

Como resultado del pecado, la desnudez y la sexualidad frecuentemente se asocian con la vergüenza. Tu relación sexual, aun con tu esposo, puede tener un historial de vergüenza y pecado que hace difícil aceptar la bendición de Dios para tu unión sexual. Lo bueno es que al morir en la cruz, Jesucristo cargó con tu vergüenza. En cada aspecto de tu vida, incluyendo la intimidad sexual, Él te invita a buscar sin que te avergüences lo que es bueno y justo.

♥ 5. ¿En qué aspectos de la intimidad sexual en el matrimonio piensas que no tienes permiso para explorar? ¿Cómo impide la vergüenza que aceptes la bendición de Dios?

_____

_____

_____ ■

♥ 6. Si tú aceptaras que Dios quiere que seas una amante apasionada en tu matrimonio, ¿cómo cambiaría tu forma de ver tu intimidad sexual?

_____

_____

_____ ■

♥ 7. Escribe una declaración de permiso de parte de Dios para ti y tu esposo.

_____

_____

_____ ■

Declaración de permiso de una mujer:

Tú, mi hija, tienes mi bendición completa para desenvolver cada regalo de amor que Yo les he dado a ti y a Alan. Deléitate haciendo el amor: disfruta cada toque, cada suspiro, cada sensación. Deléitate en los secretos que solo ustedes comparten. Embriágate en el amor que les he dado. Guárdalo y protégelo porque es sagrado.

DÍA 5
El lugar secreto: ¡da un paso!

Quisiera que Dios me escribiera una carta personal o un correo electrónico diciéndome qué piensa de mí y mi matrimonio. He escuchado que la gente dice que la Biblia es "una carta de amor de Dios" para mí, pero ¿cómo sé que sus palabras se aplican a mí personalmente? ¿Cómo puedo creer que el mensaje del Cantar de los Cantares es para mí? ¿Puedo en realidad creer que Dios quiere que sea una Mujer Supersexy? —Graciela

¿Cuál es la respuesta a la pregunta de Graciela? *DA UN PASO DE FE.*

Este estudio le enseñará a tu mente nuevos conceptos sobre el matrimonio y la sexualidad. Tal vez cambie tu paradigma. Pero para que cambie tu matrimonio, tienes que estar dispuesta a dar un paso de fe. Tú tienes una "hoja de permiso" en tus manos que les dice a ti y a tu esposo que vayan en busca de una vida sexual apasionada. Tienes que creer por fe que este mensaje escrito hace miles de años también es la palabra inspirada de Dios para ti.

El capítulo 11 de Hebreos es conocido como "El salón de la fama de la fe". Relata la historia de hombres y mujeres que tomaron decisiones basadas en su gran fe en Dios.

♥ 1. Escribe Hebreos 11:1 aquí.

_____

_____

_____

_____ ∎

♥ 2. De acuerdo a este versículo, ¿qué significa tener fe?

_____

_____

_____

_____

_____ ∎

La Biblia llama a Abraham "El padre de nuestra fe". Su historia está escrita en el libro de Génesis. Varios autores en el Nuevo Testamento también enseñan acerca de la fe que demostró.

💙 3. Lee Romanos 4:20–21. ¿Qué nos dice este pasaje de Abraham como ejemplo de fe?

_____

_____

_____ ∎

Este pasaje dice que Abraham estaba "plenamente convencido de que Dios tenía poder para cumplir lo que había prometido". La fe requiere que pongamos nuestra confianza y creamos lo que Dios ha dicho. Va más allá de lo que pensamos; afecta la forma en que nos comportamos.

Claire dio un paso de fe.

Si alguna vez hubo una esposa desilusionada del sexo era Claire, y con buenas razones. Entregada a la pornografía infantil por su madre, Claire aprendió acerca del sexo en formas espantosas y horribles. Estaba determinada a no casarse nunca. El problema fue que su mejor amigo era un hombre y quería casarse con ella. Después de proponerle matrimonio varias veces, Claire finalmente dijo: "Sí" y pensó: *Está bien, tendré que lidiar con el asunto del sexo*. Pero no pudo lidiar con eso. Cada vez que hacían el amor, a Claire le daba un ataque de pánico.

Después de tres niños y varios años de matrimonio, Claire leyó un libro del cual Linda es coautora llamado *Intimate Issues* [Cuestiones íntimas], sobre la perspectiva de Dios acerca del sexo, y pensó: *"Esto no puede ser verdad. ¡No puede ser!"*. Entonces leyó el Cantar de los Cantares y dijo: "Lo veo en la Palabra de Dios, y si está en la Palabra de Dios, lo creeré".

Claire no se quedó ahí. No era suficiente con solo cambiar su forma de pensar. Escogió actuar con la nueva verdad que Dios le había dado. A pesar de su miedo, Claire valientemente dio un paso de fe recreando su noche de bodas e invitando a su esposo a comenzar su unión íntima otra vez.

¿Fue fácil para Claire dar este paso? Claro que no. Tuvo que luchar con recuerdos dolorosos del pasado, el miedo de ser vulnerable y los sentimientos de vergüenza. Pero Claire me dijo (a Linda) que fue el comienzo de un nuevo gozo en su intimidad sexual que fluyó a todas las otras áreas de su matrimonio.

Dar un paso de fe es difícil, pero sabemos que quieres buscar la pasión. ¡Así que, amiga, busca tus Nike y prepárate para caminar!

Tu paso de fe será único a los retos que enfrentes en tu búsqueda de la pasión. Tal vez no estás lista para "dar un salto" como Claire. Tal vez Dios te esté pidiendo que des un paso pequeño pero valiente como lo hizo Lauren:

> *Mientras oraba, decidí romper un voto que había hecho hace muchos años de no iniciar el sexo. Aunque mi intento sutil y disimulado de iniciar un encuentro sexual fue tan mínimo que él ni siquiera se dio cuenta de lo que le estaba ofreciendo (como ofrecerle un malvavisco en una vara a alguien cuando no hay una fogata para asarlo). Al menos di un pequeño paso en la dirección correcta. Tal vez la próxima vez tenga el valor y la habilidad de hacer la fogata también.*

¿Qué clase de pasos te está pidiendo Dios que des para buscar la pasión? Aquí hay unas cuantas sugerencias:

- Escríbele una carta a tu esposo diciéndole que quieres trabajar en buscar la pasión en tu matrimonio.

- Inicia un encuentro sexual con tu esposo esta semana.

- Memoriza versículos del Cantar de los Cantares que te recuerden que Dios te da permiso para buscar la pasión.

- Llama una amiga o consejera para comenzar a sacar a la luz a la vergüenza que has llevado escondida por muchos años.

♥ 4. Escribe una oración al Señor pidiéndole que te dé fuerzas para dar un paso de fe que sea único a tu situación.

_____

_____

_____

_____

_____

_____

_____

_____

_____

ORA CON NOSOTRAS

_____

_____

_____

_____

_____

_____ ∎

OBLIGACIÓN
MALO   BUENO
¡SÍ!   SANTO
SANTO   NIÑOS
BUENO   SATISFACCIÓN
ABURRIDO   ¡OOH!

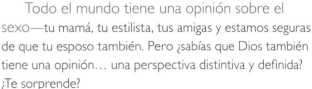

¡Dios tiene una opinión!

CAPÍTULO 3

TEMA:

La opinión de Dios es que la relación sexual es santa, un regalo de Él para que las parejas puedan disfrutar la unidad y el placer en el matrimonio.

VERSÍCULO LEMA:

"Y conocerán la verdad, y la verdad los hará libres" (Juan 8:32).

Todo el mundo tiene una opinión sobre el sexo—tu mamá, tu estilista, tus amigas y estamos seguras de que tu esposo también. Pero ¿sabías que Dios también tiene una opinión… una perspectiva distintiva y definida? ¿Te sorprende?

¿Dónde está expresada la opinión de Dios sobre el sexo? Puede que pienses que la iglesia y sus líderes son el lugar para descubrir la opinión de Dios sobre el sexo. Después de todo, ellos son los que dicen hablar por Él. Pero al buscar en los archivos de la historia, nuestro corazón se perturba porque muchas veces la Iglesia y sus líderes han adoptado actitudes que expresan su propia opinión y no la de Dios.

Así es como la Iglesia veía el sexo en el año 200 a. C:

Las autoridades eclesiásticas decretaron edictos prohibiendo las relaciones sexuales los jueves, el día en que Cristo fue arrestado; los viernes, el día de Su muerte; los sábados, en honor de la santa virgen; y los domingos, en honor a los santos que han partido. Los miércoles a veces también entraban en la lista, al igual que los cuarenta días de la cuaresma antes de la Pascua, Navidad y el Día de Pentecostés y los días festivos y días de los apóstoles; así como los días de impureza de la mujer. ¡La lista creció hasta que solo había cuarenta y cuatro días al año que estaban disponibles para el sexo matrimonial![1]

¿Te sorprende? Si es así, quedarás aun más sorprendida cuando sepas que algunos de los hombres más piadosos en la Iglesia veían la pasión en las relaciones sexuales como un pecado:

No hay nada que deba evitarse más que las relaciones sexuales. —San Augustín

El contacto sexual nunca es sin pecado; pero Dios lo excusa por Su gracia, ya que el estado del matrimonio es Su obra.—Martín Lutero

Si estas declaraciones te dejan asombrada, considera las palabras de Peter Lombard, un respetado teólogo que vivió en el siglo XII:

El Espíritu Santo sale de la habitación cuando un matrimonio tiene relaciones sexuales, aun si lo hacen sin pasión.

 ¿Nos preguntamos, adónde se fue el Espíritu Santo? ¿Acaso se escondió debajo de la mesa de la cocina o en el clóset? Podrías pensar que solo los hombres piadosos eran los que estaban confundidos, pero escucha la información que les daba la esposa piadosa de un pastor a las jóvenes esposas en los 1800:

Para las mujeres jóvenes sensibles que han tenido el beneficio de una buena crianza, el día de su boda es, irónicamente, tanto el día más feliz como el más aterrador de su vida. En el lado positivo está la boda misma; en el negativo está la noche de bodas, durante la cual la novia debe "afrontar las consecuencias", por decirlo así, enfrentando por primera vez la horrible experiencia del sexo.

En este momento, permíteme expresarte una verdad alarmante. ¡Existen algunas jóvenes que de hecho esperan la noche de bodas con curiosidad y placer! ¡Cuidado con esta actitud! Una regla cardenal del matrimonio que nunca debe olvidarse es: DA POCO, DA ESCASAMENTE Y SOBRE TODO DA DE MALA GANA.[2]

¿En serio? ¿Cómo crees que se sentía su esposo con estos consejos? Aún más importante, ¿cómo se siente Dios con estos consejos a través de los siglos de aquellos que dicen representarlo? Estamos seguras de que la motivación detrás de estas declaraciones de hombres y mujeres piadosos no era poner una moratoria en las relaciones sexuales, sino reforzar la idea de los días y las prácticas sagrados que honrarían a Dios. Pero este mensaje contenía una mentira destructiva: la santidad y el sexo son incompatibles en la cama.

Afortunadamente, en años recientes los líderes cristianos han adoptado actitudes que contienen un mensaje muy diferente.

Si alguien dice que las relaciones sexuales son malas en sí mismas, el cristianismo lo contradice de inmediato.—C. S. Lewis[3]

Aunque las relaciones sexuales no son el único aspecto de la relación física en el matrimonio, en la mayoría de los casos es el más importante, el manantial de donde nace todo lo demás, desde sonrisas y gestos diarios de ternura, a acciones de bondad y sacrificio ... el reto entero de la vida matrimonial es simplemente lograr que todas las otras áreas alcancen la expresión máxima con el puro éxtasis de la relación física en su clímax.—Mike Mason[4]

Una pareja casada hiere gravemente la cabeza de la serpiente antigua cuando su meta es alcanzar la mayor satisfacción sexual mutua posible. ¿No es una muestra de sublime gracia que encima de todo el placer sexual que trae el matrimonio, también sea un arma poderosa contra nuestro antiguo enemigo? ... La exquisita cúspide del placer en el matrimonio habla con poder del amor que guarda el pacto entre Cristo y Su Iglesia. Y ese amor es la fuerza más poderosa del mundo.—John Piper[5]

¡Con razón las parejas cristianas están confundidas! ¿Quién habla por Dios: las instituciones y los líderes religiosos que insinúan que la pasión sexual es un pecado o aquellos que dicen que la intimidad sexual entre un esposo y una esposa es tanto santa como bendita?

La esencia es la siguiente: si escuchamos las opiniones de los hombres (y las mujeres) estaremos confundidas. Si realmente queremos saber la opinión de Dios acerca del sexo, entonces tenemos que escuchar a Dios mismo. ¿Dónde encontramos la opinión verdadera de Dios? Solo en Su Palabra. Así que abre tu Biblia. Abre bien tu corazón. Abre tus ojos espirituales y destapa tus oídos espirituales, porque lo que vamos a tratar en los próximos cinco días tiene el potencial de poner tus pensamientos de cabeza.

La enseñanza de Dios sobre el sexo empieza en las primeras páginas de la Biblia. En Génesis leemos que Dios creó la intimidad sexual para Adán y Eva. Tú ya sabes que una de las razones por las que Dios les dio el regalo del sexo a Adán y Eva fue cumplir el mandato de "multiplicarse", así que no pasaremos tiempo hablando de "hacer bebés". En lugar de eso nos enfocaremos en unas razones menos obvias por las que Dios les dio el regalo del sexo, y cómo estas razones revelan Su opinión sobre el sexo. Esta semana queremos explorar tres regalos de intimidad escondidos en las Escrituras que Dios quiere que abras:

1. El regalo del conocimiento íntimo
2. El regalo de la intimidad santa
3. El regalo del placer exquisito

Cada uno de estos regalos te animará a crecer en profundidad íntima con tu esposo. Cada uno de estos regalos revelará la opinión clara y distintiva de Dios sobre el sexo. ¡Así que prepárate, porque encontrarás diversión y una que otra sorpresa!

DÍA 1
¿De dónde vino tu opinión acerca del sexo?

Qué ha formado tu perspectiva sexual? Tu manera de pensar sobre el sexo ha sido afectada positiva y negativamente por mensajes que se nos han transmitido a través de los siglos. Todo lo que has visto y escuchado en tus años formativos, cada decisión correcta acerca de tu sexualidad y las incorrectas también. Toda maldad que te hayan hecho te ha impactado profundamente.

Al tener el privilegio de viajar alrededor del mundo dando charlas acerca del sexo a las esposas, hemos visto la confusión —confusión masiva— entre las mujeres de Dios. Ellas ven la distorsión sexual en el mundo: la explotación del cuerpo femenino y la manera vulgar en la que el sexo se representa. Algunas mujeres responden a esto pensando: "No quiero tener nada que ver con el sexo. ¡Me da asco!". Sin embargo, esta actitud está tan equivocada como la del mundo.

¿De dónde vino nuestra manera de pensar sobre el sexo? ¿De dónde provino la tuya? ¿Y qué es una forma de pensar?

"Una forma de pensar es la colección de pensamientos individuales que durante un período de tiempo influyen la manera en la que percibimos la vida".[6]

Hoy es un día para que reflexiones con tu Dios. Encuentra una media hora a solas (esto es difícil pero posible) y pídele a Dios que te dé Su sabiduría para responder a las siguientes preguntas.

Cuando empieces tu tiempo a solas con Dios, ¿podrías orar así?

Dios, sé que tengo pensamientos equivocados acerca del sexo. Hoy te estoy pidiendo respuestas. ¿Por favor, podrías enseñarme de dónde vienen estos pensamientos equivocados y mostrarme cómo aclarar mis pensamientos erróneos sobre el sexo? Yo sé que necesito entender esto para obtener Tu opinión sobre el sexo.

♥ 1. ¿Qué aprendiste en tu casa sobre la intimidad sexual?

_____

_____

_____ ∎

♥ 2. ¿Qué aprendiste de tus amigos, las películas y la televisión?

_____

_____

_____ ∎

♥ 3. ¿Cómo te han influenciado, positiva o negativamente, los mensajes de la Iglesia?

_____

_____

_____ ∎

♥ 4. ¿Cómo te influenciaron las cosas que aprendiste cuando te casaste?

_____

_____

_____ ∎

♥ 5. Escribe un párrafo describiendo tu forma de pensar en cuanto al sexo.

_____

_____

_____ ■

♥ 6. Escribe una oración a Dios expresándole tu deseo de que Él cambie tu opinión sobre el sexo para que concuerde con Su opinión.

_____

_____

_____

_____ ■

DÍA 2
Abre el regalo del conocimiento íntimo

El primer aspecto del regalo que Dios te ha dado a ti y a tu esposo en la sexualidad es la habilidad de conocerse, realmente conocerse, en lo íntimo. Las mujeres a menudo ven el sexo como una forma de expresar amor profundo y el aprecio que tienen por sus esposos. Sin embargo, esperamos que también lo veas como la forma de construir aprecio y un amor profundo. Sí, la intimidad emocional te prepara para el sexo. Pero el sexo también te prepara para la intimidad emocional.

En el mensaje de esta semana vimos dos factores que pasan desapercibidos y que prueban que el sexo tiene el propósito de crear un lazo profundo e íntimo: la biología de la química cerebral y la teología del conocimiento íntimo.

Oxitocina: la biología de la química cerebral

¡La creación de Dios es más que increíble! ¿Sabías que Dios creó tu cuerpo para que liberara sustancias químicas en tu cerebro que te conectan profundamente con tu esposo y a tu esposo contigo? Esa conexión se fortalece a través de la expresión sexual. El poder de las hormonas, como la oxitocina, contribuyen a que ustedes se sientan "enamorados", que se enfoquen en las fortalezas del otro e incluso a lidiar con los conflictos en el matrimonio. ¡Las hormonas liberadas durante el encuentro sexual entrenan a tu cerebro para amar a tu esposo y para que él te ame a ti!

Yada: *la teología del conocimiento íntimo*

La palabra hebrea utilizada en el Antiguo Testamente para "conocer profundamente" es *yada*. Es una forma activa de conocer, buscar y experimentar. *Yada* se usa para indicar el conocimiento de datos, el aprendizaje de habilidades e incluso el conocimiento profundo en el acto sexual. En Génesis 4:1 leemos: "Y el hombre conoció [tuvo relaciones sexuales] a Eva, su mujer, y ella concibió y dio a luz a Caín…" (LBLA).

Cuando tú y tu esposo se juntan sexualmente, es más que biología, más que el intercambio de líquidos corporales y la liberación de químicos en el cerebro. Dios desea que se conozcan física, emocional y espiritualmente de una manera profunda. Cualquier cosa menos que esto es una concesión, una expresión inadecuada del diseño de Dios. A través del regalo de Dios del conocimiento íntimo, un esposo y una esposa reciben un conocimiento profundo el uno del otro que nadie más tiene. Este conocimiento trae profundidad a su relación. ¿Quién se imaginaría que todo esto podría conseguirse con el sexo? Como dijimos en la semana 1, el sexo es muy, muy poderoso.

Mike Mason lo expresó maravillosamente en *The Mystery of Marriage* [El misterio del matrimonio].

> *Porque al tocar una persona del sexo opuesto en el lugar más secreto de su cuerpo, con tu parte más privada, hay algo que va más allá del toque, que va más allá del cuerpo al lugar donde se conecta con el espíritu, al lugar donde ocurre la encarnación.*[7]

Esta cita toma el regalo del conocimiento íntimo a un nivel elevado y hermoso. Una joven esposa, Debbie, lo hace práctico, lo cual es algo hermoso:

> *No tenía idea de que el sexo fuera así. Es como si tuviéramos un lenguaje sexual secreto. Jake me mira en mis pantalones de mezclilla y mi suéter, pero su sonrisa dice: "Te veo sin ellos; conozco cada curva, sé lo que te excita. ¡Tu cuerpo es mío —todo mío— solo mío!". ¡Oh! mi sonrisa puede decirle en medio de un cuarto lleno de gente: "Diez minutos y nos vamos de aquí a nuestra propia fiesta privada…"*—Debbie

A veces, cuando la Biblia se refiere al sexo dentro del matrimonio, lo hace con palabras como *honor* o *santidad*, que son maravillosas pero un tanto vagas. Si eres como nosotras, querrás información más específica de cómo parece. No hay un mejor lugar para descubrir esto que en la poesía y detalles del Cantar de los Cantares.

Aprendamos algunos secretos sobre el *yada* de la MSS.

♥ 1. Lee Cantar de los Cantares 4:1–16. Anota las formas en las que la MSS "conoce" o "busca" a su esposo.

_____

_____

_____

_____ ∎

♥ 2. El *yada* es más que conocer a tu esposo. Es también estar dispuesta a ser conocida. Ahora escribe todas las formas en que ves que la MSS se permite ser conocida en el capítulo 4 del Cantar de los Cantares.

_____

_____

_____ ■

♥ 3. ¿Qué te emociona sobre el tener sexo *yada* con tu esposo?

_____

_____

_____ ■

♥ 4. ¿Hay algo en el sexo *yada* con tu esposo que te cause un poco de miedo en tu corazón?

_____

_____

_____ ■

Tal vez te costó trabajo responder la pregunta 3 porque piensas: *Nuestra relación está muy lejos del yada; se parece más a la nada.* Si la intimidad sexual con tu esposo prácticamente no existe o es tan aburrida y predecible que te dan ganas de dormirte mientras estás haciendo el amor, es probable que haya obstáculos en el camino. Hablaremos de algunos de estos obstáculos en las semanas por venir. Sin embargo, aun en el proceso de hablar de estos problemas en tu relación sexual, Dios los ayudará a que se conozcan y se descubran mutuamente. Algunos de los matrimonios más íntimos han sido forjados a través de la determinación de conocerse mutuamente por medio del perdón, la misericordia y la sanidad.

Mi esposo y yo fuimos heridos en nuestra sexualidad, así que parecía imposible que experimentáramos yada. ¿Cómo podíamos conocernos íntimamente cuando ambos poníamos defensas para protegernos del dolor? Al reflexionar, veo que a través del dolor, en el proceso de ser sanados como individuos y como pareja, fue que comenzamos a conocernos mutuamente. Le doy gracias a Dios por los problemas y las heridas … nos han llevado a una mayor profundidad.—Janae

♥ 5. ¿Cómo ha contribuido tu relación sexual con tu esposo a conocerlo física, sexual y emocionalmente en maneras que de otra forma no hubieran sido posibles?

_____

_____

_____ ■

♥ 6. Anota una manera en la que puedes conocer a tu esposo más completamente a través de las relaciones sexuales esta semana, y una manera en la que te permitirás ser conocida mejor. Luego planea intencionalmente un encuentro íntimo en las siguientes semanas para practicar estos conceptos.

_____

_____

_____ ■

¿Cuál es la opinión de Dios sobre el sexo? El primer regalo que abrimos, el regalo del conocimiento íntimo, susurra: "Existe una forma de conocerte secretamente en el sexo que va más allá de las palabras".

DÍA 3
Abre el regalo de la intimidad santa

a razón principal (no la única) por la que somos seres sexuales es conocer a Dios más profundamente.
—John Piper[8]

Toma un momento para meditar en esta declaración de John Piper. ¿Qué crees que significa? ¿Cómo es que el propósito principal de las relaciones sexuales sea conocer a Dios más profundamente? Esta no es solo una idea que se le ocurrió a Piper. Es una reflexión de lo que la Biblia enseña sobre el sexo. La imagen de la sexualidad y el matrimonio están entretejidas a través de toda la Escritura. El Antiguo Testamento con frecuencia se refiere a Israel como la esposa de Dios. El Nuevo Testamento describe a la Iglesia (el cuerpo de creyentes) como la esposa de Cristo. En el libro de Efesios, el apóstol Pablo entreteje la relación de marido y mujer con la relación de Cristo y la Iglesia.

♥ 1. Escribe Efesios 5:31–32 aquí.

_____

_____

_____ ■

💜 2. Pablo dice que la unión sexual (una sola carne) de un esposo y su esposa es una imagen de Cristo y Su esposa, la Iglesia. ¿Por qué es difícil entender esta imagen?

_____

_____

_____ ■

Ambas luchamos para entender este versículo.

(Linda:) Yo pensé en Efesios 5:31–32 por muchos años. Sabía que Dios estaba tratando de mostrarme algo sobre el grado de cercanía espiritual que Él quería que tuviera con Cristo, pero no podía entender, ya que el sexo es muy físico: los suspiros, los sonidos e incluso la suciedad.

(Juli:) Ha sido este último año que he empezado a entender la parte del "misterio" del sexo y su representación de la unidad con Cristo. Por fin entendí que todo lo que Dios ha creado revela algo acerca de Él. ¿Por qué sería el acto sexual algo diferente, particularmente cuando Dios especifica en Su Palabra lo que eso debe representar?

Confesamos que seguimos tratando de entender este misterio. Al seguir estudiando con mayor profundidad lo que Pablo dice, vemos verdades sorprendentes: el sexo no solo debe unirte a ti a tu esposo, sino que es un reflejo misterioso de la unidad que un Dios Santo desea con nosotros. La pasión, el deseo de unidad y la expresión de amor a través del sexo deben reflejar la realidad espiritual del deseo de Dios por nosotros y el nuestro por Él. Su deseo no es nada menos que la completa unidad con Él.

Como dice Pablo, es un misterio. Aunque no podemos comprender completamente en nuestra humanidad, el misterio claramente señala al hecho de que el sexo, como lo diseñó Dios, es muy espiritual y muy santo.

Clifford y Joyce Penner en su libro *The Gift of Sex* [El regalo del sexo] amplifican el misterio:

> Efesios 5:31–32 básicamente está diciendo que la relación sexual es lo que mejor simboliza la relación entre Cristo y Su Iglesia. Tenemos que suponer que este simbolismo nos dice que existe algo más que solo la parte física en el

DE CERCA CON
Linda

Me pregunto qué estás pensando mientras lees acerca de la intimidad santa y el misterio de la unión sexual. Si piensas que mi esposo teólogo, Jody, y yo hablamos de este misterio y siempre nos sentimos "santos" cuando hacemos el amor, reconsidera. Recuerdo compartir las palabras de Mike Mason (p. 52) con Jodi, y él me miró y me dijo mientras yo leía acerca de cómo "la carne y el espíritu conectan" y me dijo: "Yo solo sé que se siente maravilloso y eso es lo que es importante para mí".

sexo, ya que nuestra relación sexual es un modelo de cómo podemos entender mejor el deseo de Dios de tener una relación intensa con nosotros.

Aún más, parece claro que si Dios, al comunicarse a través de la Escritura, escoge utilizar términos sexuales para describir Su relación con nosotros, entonces podemos suponer que es respaldo completo de nuestra sexualidad.[9]

Ayer descubriste que cuando se utiliza en la Biblia la palabra hebrea *yada* en referencia a la intimidad sexual en el matrimonio, se refiere a una búsqueda profunda y activa de ser conocido y de conocer. La palabra *yada* se utiliza también para reflejar la manera en que Dios quiere conocernos. Como dijimos, Génesis 4:1 usa *yada* sexualmente: "El hombre se unió a su mujer Eva, y ella concibió y dio a luz a Caín". Jeremías 16:21 utiliza *yada* para conocer a Dios espiritualmente: "Por tanto, he aquí voy a darles a conocer (*yada*), esta vez les haré conocer (*yada*) mi mano y mi poder; y sabrán (*yada*) que mi nombre es el Señor" (LBLA).

¿Estás empezando a ver la altura, profundidad e inmensidad de *yada*?

♥ 3. Escribe el Salmo 46:10 aquí.

_____

_____

_____ ∎

¿Adivina qué palabra hebrea se traduce por "saber o conocer" aquí? Adivinaste: *yada*. Independientemente de lo que se te haya enseñado en la iglesia o lo que te enseñaron tus padres, Dios no es un Padre distante. Él ansía conocer a sus hijos y que ellos lo conozcan íntimamente.

♥ 4. Escribe una carta a una esposa joven explicándole la belleza de estos versículos (Efesios 5:31–32 y el Salmo 46:10). Comparte con ella por qué el regalo de la intimidad santa es tan especial.

_____

_____

_____

_____

_____

_____ ∎

♥ 5. ¿Cómo cambia tu punto de vista de la intimidad con tu esposo el entender que Dios ve al sexo como santo?

_____

_____

_____ ■

Esta es la opinión del Señor, Dios Todopoderoso, Creador del cielo y de la tierra:
La pasión sexual en el matrimonio no solo es hermosa, sino que es muy, muy santa.

♥ 6. Escribe una oración pidiéndole a tu Padre Dios que se haga una realidad para ti la santidad del regalo de la unión íntima en tu mente, tu corazón y tus acciones.

_____

_____

_____

_____ ■

DÍA 4
Abre el regalo del placer exquisito

Nuestro Dios, quien es espíritu, puede hallarse detrás de cada respiración entrecortada, el sudor y el agradable enredo de las extremidades y las partes del cuerpo físico. Él no se da la vuelta. Él quiere que corramos hacia el encuentro sexual, pero que lo hagamos con Su presencia, Sus prioridades y virtudes como marcas de nuestra búsqueda.—Gary Thomas[10]

Te dijimos que Dios tiene una opinión acerca del sexo. También tiene una opinión acerca del placer. Él, de todo corazón, de manera inequívoca y entusiasta, está a favor de un placer sexual del otro mundo en el matrimonio. ¿Cómo lo sabemos? El placer fue idea de Dios. Él pensó en ello. Él pudo haber creado el sexo sin placer alguno. Solo hay que apretar un botón en nuestros cuerpos en el momento apropiado y ¡zas! se concibe un bebé. Nada de placer. Nada de exquisito deleite. Definitivamente ese no es el plan de Dios.

Nos preguntamos ¿qué estaba pensando Dios cuando creó los cuerpos del hombre y la mujer para que se acomodaran perfectamente de manera de producir éxtasis? Tal vez pensó algo así:

El conocimiento íntimo es bueno. La intimidad santa es muy buena. Mi bendición es muy, muy buena. Pero haré algo más con este regalo. Voy a capacitar al hombre y la mujer para dar y recibir un placer embriagador, una explosión de éxtasis que creará un anhelo profundo en ellos mutuo y frecuente.

Sí, Dios puso su sello de aprobación en el placer sexual, pero solo en los confines del matrimonio entre un hombre y una mujer. ¿Tiene Dios una opinión acerca del placer sexual afuera de los confines del matrimonio? Absolutamente. Veamos un ejemplo en Proverbios 5 donde Dios, por primera vez, condena con fuerza el placer sexual expresado fuera del lecho matrimonial y luego apremia con firmeza el placer sexual dentro del matrimonio.

♥ 1. Lee Proverbios 5:1–19.

a. Resume los versículos 1–14.

_____

_____

_____ ■

b. Un cambio abrupto ocurre en los versículos 15–19. Parafrasea estos versículos aquí:

_____

_____

_____ ■

c. Escribe la descripción en Proverbios 5:15 de las imágenes de "agua", "pozo" y "agua que fluye de tu propio manantial".

_____

_____

_____ ■

¡Bendita sea tu fuente! ¡Goza con la esposa de tu juventud! Es una gacela amorosa, es una cervatilla encantadora. ¡Que sus pechos te satisfagan siempre! ¡Que su amor te cautive todo el tiempo! (Proverbios 5:18–19).

♥ 2. Escribe una versión moderna hermosa, pero a la vez erótica, de estos versículos.

_____

_____

_____ ■

¿Te sorprende que la Palabra de Dios (Su Palabra Santa) hable acerca de un esposo deleitándose en los pechos de su esposa? Esto nos sorprende a nosotras.

Linda comparte una traducción literal de Proverbios 5:18–19:

Deja que tu amor y tu expresión sexual con tu esposa te embriaguen y te deleiten continuamente. Siempre deléitate en el éxtasis de su amor.

♡ 3. Escribe un párrafo describiendo cómo se sentiría un esposo si la meta de su esposa fuera embriagarlo con deleite sexual.

_____

_____

_____ ■

Proverbios 5 está dirigido a un hombre, pero el placer descrito es para ambas partes. El esposo está embriagado por el amor sexual de su esposa, y ella está sobrecogida por el placer sexual que recibe.

Hemos conocido a muchas mujeres que leyeron estos versículos pero no logran aún aceptar que Dios se deleita en que la pareja casada disfrute del exquisito amor sexual. ¿Eres una de ellas? Tal vez aprendiste acerca del placer sexual a través de lentes empañados como las relaciones sexuales prematrimoniales, la pornografía o el abuso sexual. ¡El hecho de que Satanás haya corrompido el diseño hermoso de Dios no elimina el plan de Dios del placer sexual para el matrimonio!

♡ 4. ¿Sabes lo que da placer a tu esposo en la intimidad? ¿Sabe él lo que a ti te da placer? Aparta tiempo para que tú y tu esposo hablen en privado. Cada uno termine el siguiente enunciado en una tarjeta: "Experimento el mayor placer sexual contigo cuando...". Luego intercambien las tarjetas. Lo que siga después depende de ustedes.

_____

_____

_____ ■

♡ 5. Reflexiona en los últimos cuatro días. Considera el regalo que Dios quiere que abras y las Escrituras de las que hablamos. Menciona al menos cuatro opiniones que Dios tiene sobre el sexo.

_____

_____

_____ ■

Es nuestra oración que tu corazón se haya abierto ampliamente y que tus ojos espirituales hayan visto la perspectiva de Dios y Su Palabra. Sabemos que no quieres imitar las costumbres y los comportamientos de la forma mundana de ver el sexo; deseas que Dios te transforme en una nueva esposa cambiando tu forma de pensar (Romanos 12:2, nuestra paráfrasis). Porque este es tu deseo, te emocionarás con lo que aprenderás en el día 5.

DÍA 5
El lugar secreto: conoce la verdad

Cuando Juli o Linda (o tú) tienen una opinión, es solo eso: una opinión. Pero cuando Dios tiene una opinión se llama de otra manera: verdad. Su "opinión" no es una de muchas; es la opinión contra la cual se evalúa todo pensamiento o idea.

Esta semana estudiaste Su verdad acerca del sexo. Una y otra vez te llevamos de vuelta a la Palabra de Dios porque ahí es donde la verdad está escrita. Amiga, nuestras opiniones sobre el matrimonio o la vida sexual no valen ni un centavo si no están basadas en la verdad. Contrario a lo que ves en la televisión, aprendes en la universidad o lees en los libros, la verdad no es relativa. La verdad es la opinión de Dios. Y Su opinión necesita convertirse en nuestra verdad.

Hoy queremos resaltar por qué la Palabra de Dios es la fuente de poder indispensable en tu vida. ¡Leer la Palabra de Dios es muy bueno, pero meditar en ella, memorizarla y convertirla en oración a Dios transformará tu vida! Romanos 12:2 habla de la verdad de Dios. Nos encanta la forma en la que este versículo cobra vida en la versión Nueva Traducción Viviente:

No imiten las conductas ni las costumbres de este mundo, más bien dejen que Dios los transforme en personas nuevas al cambiarles la manera de pensar. Entonces aprenderán a conocer la voluntad de Dios para ustedes, la cual es buena, agradable y perfecta (Romanos 12:2, NTV).

¿Lo ves? ¿Entiendes esta promesa gloriosa? ¡Dios desea tomar la verdad de Su Palabra y literalmente transformarte a ti y tu intimidad con tu esposo! ¿Cómo? Cambiando tu forma de pensar acerca del sexo. La forma de cambiar es haciendo de la opinión de Dios tu perspectiva.

Tanto Juli como yo hemos tomado la opinión de Dios en la Escritura acerca del sexo y la hemos hecho parte de nosotras. ¿Cómo puedes hacer esto? Hoy en el lugar secreto:

1. Escoge la parte de la Escritura que te llamó la atención y conviértela en tu proyecto.

2. Medita en la Escritura que escogiste y pídele al Señor que hable específicamente Su verdad a tu corazón.

3. Personaliza esta Escritura haciéndola una oración para Dios en tus propias palabras.

Heather escogió Cantar de los Cantares 5:16: "Su paladar, dulcísimo, y todo él, deseable. Este es mi amado y éste es mi amigo" (LBLA).

La oración personalizada de Heather a Dios fue esta:

"Oh Dios, los besos de David son insípidos … y no puedo decir que él es todo deseable. No sé cómo cambiar mi forma de pensar, pero estoy grabando este versículo en mi corazón y hablándote de ello cada día esta semana. Está bien, acabo de tener un pensamiento positivo acerca de sus palabras. David sabe que no me gusta mi cuerpo y trata de animarme. Eso es dulzura de su boca. Gracias por enseñarme esto. Padre, te pido que cambies mi perspectiva para que pueda ver a mi esposo como mi amante y como mi amigo".

♥ 4. Hebreos 4:12 dice que la Palabra de Dios es poderosa, es "viva y eficaz" y "juzga los pensamientos y las intenciones del corazón" (LBLA). Mientras continúas meditando en tu pasaje describe cómo observas que la Palabra cobra vida dentro de ti y trae a la luz las actitudes que habían estado escondidas.

_____

_____

_____ ∎

¡Mientras más aceptes la verdad de Dios en tu vida, más transformada serás! Es nuestra oración que tomes este reto seriamente. Cuando memorizas la Palabra viva de Dios puedes estar segura de que Él te hará una nueva esposa.

♥ 5. Con base en lo que has estudiado esta semana, escribe una carta de Dios para ti expresando lo que Él desea que tengas en tu relación sexual con tu esposo.

_____

_____

_____

_____

_____

_____

_____ ∎

Permanece en la verdad

CAPÍTULO 4

TEMA:
tu sexualidad involucra una batalla espiritual entre verdades y mentiras.

VERSÍCULO LEMA:
"… el que está en ustedes es más poderoso que el que está en el mundo"
(1 Juan 4:4).

¿Cuáles fueron tus pensamientos después de la lección "Dios tiene una opinión"? Esperamos que te hayas animado y pensado: *Estoy dispuesta a hacer lo que sea necesario para crecer y tener una vida sexual sorprendente. ¡Ansío conocer la bendición de Dios para mi matrimonio!* Tal vez tus pensamientos fueron estos: *Estamos tan lejos de la imagen que describieron de la intimidad sexual que no hay manera alguna en que yo pueda ver el sexo de esa manera.* Existe una razón por la que la verdad no siempre "permanece" cuando la escuchas.

Tal vez hayas descubierto que tus desafíos y problemas en cuanto al sexo vienen de la manera en la que te criaron y por tu pasado. Por una parte, estás en lo correcto. Cómo te hablaron (o no) del sexo en tu hogar, tus experiencias sexuales pasadas y los traumas contribuyen en tu manera de pensar sobre el sexo. Sin embargo, existe algo—más bien alguien—que te impide poder aceptar la verdad de Dios. Su nombre es Satanás.

Permítenos asegurarte que nosotras no pertenecemos al club de maestros bíblicos que cree que "hay un demonio detrás de cada arbusto". Pero la verdad es que no hemos visto una batalla espiritual más evidente que en el área de la sexualidad.

¿Por qué Satanás quiere derrotarte en el asunto del sexo?

¿Por qué quiere evitar que la verdad de Dios permanezca en ti?

¿Por qué le importa tu intimidad?

Como aprendiste la semana pasada, la intimidad sexual entre marido y mujer es una imagen santa de Cristo y Su Iglesia. El Dios Todopoderoso creó el acto sexual como una representación del anhelo, la unidad y la intimidad de Jesucristo y Su pueblo. El ataque de Satanás sobre el matrimonio y la sexualidad abarca más que a ti y a tu esposo. Él apunta a destruir, contaminar y hasta causar repugnancia a la imagen preciosa de la unidad.

Ya que tu matrimonio, tu habitación y tu mente son una zona de combate, tu enemigo trabaja tiempo extra para alejarte de la verdad.

El sexo es un campo de batalla.

Cuando escuchas el nombre de C. S. Lewis, probablemente pienses en *Las Crónicas de Narnia*, pero Lewis escribió muchos libros muy buenos. Uno de nuestros favoritos es *Cartas del diablo a su sobrino* (también publicado con el título *Cartas a un diablo novato* [Nota del editor]). Cada capítulo de este libro nos da un vistazo ficticio de la estrategia del enemigo para mantenernos alejados de la verdad de Dios. Si escuchas cuidadosamente, tal vez puedas escuchar a Satanás instruyendo a sus demonios acerca de ti …

> ¿Ven a esa buena esposa cristiana estudiando cómo buscar la pasión? La semana pasado aprendió acerca de la opinión de Dios del sexo. ¡No permitan que la verdad de Dios permanezca en ella! Confundan su mente. Llénenla de dudas. Háganle creer que para ella no hay esperanza en lo que respecta a las relaciones sexuales con su esposo. Trabajen duro para que el sexo sea repugnante, entonces ella no procurará desinhibirse y abandonarse al sexo. Creen GRANDES problemas en esta área. Déjenla pensar que el sexo es el problema, no yo. Y específicamente … Asegúrense de llenar su mente de acusaciones:
>
> Quebrantaste la ley de Dios. ¡Tomaste tantas decisiones equivocadas! No mereces experimentar placer en el sexo.
>
> Recuerda lo que él te hizo —eres impura— nunca podrás ser sanada. ¿Cómo podría alguien como tú ser una amante emocionante? ¡Olvídalo!
>
> Lo que tú y tu esposo hicieron anoche estuvo mal. No te sentiste bien al hacerlo y estás en lo correcto. Tal pasión desenfrenada no puede provenir de Dios.

En la enseñanza de esta semana expondremos cinco mentiras comunes que con frecuencia impiden que las mujeres acepten la verdad acerca de lo que Dios dice del sexo. Te recordamos las cinco mentiras:

1. No soy amada si no soy deseada.

2. No merezco una vida sexual fabulosa.

3. A Dios no le importa mi dolor.

4. Estoy demasiado herida como para sanar.

5. Puedo arreglar los problemas con la sexualidad por mí misma.

Es muy probable que te identificaras con por lo menos una de estas mentiras. Es más, tal vez reconociste las cinco mentiras en tu manera de pensar. La buena nueva es que nuestro Señor Jesús ha vencido las mentiras y acechanzas del maligno. Aunque Satanás acusa y confunde, sus artimañas no pueden triunfar contra el poder de Aquel que es la Verdad.

¿Crees que *realmente* se está librando una batalla —una batalla de la cual formas parte— que afecta tu sexualidad? Hay partes de la Escritura que bloqueamos y descartamos al leerlas. Efesios 6 es uno de esos pasajes que "bloqueamos". Ahora mismo, te pedimos que no lo bloquees; léelo en voz alta y pídele a Dios que hable Su verdad a tu corazón.

Por último, fortalézcanse con el gran poder del Señor. Pónganse toda la armadura de Dios para que puedan hacer frente a las artimañas del diablo. Porque nuestra lucha no es contra seres humanos, sino contra poderes, contra autoridades, contra potestades que dominan este mundo de tinieblas, contra fuerzas espirituales malignas en las regiones celestiales (Efesios 6:10–12).

Este pasaje es demasiado fantástico como para creerlo. Así es que no ponemos atención, no le hacemos caso, nos hacemos las desapercibidas, pretendemos que el "Señor de los Anillos" se encargue de las potestades que dominan este mundo de tinieblas. Te imploramos, "¡Por favor, presta atención!". Considera por un momento. ¿Podría ser que esta batalla espiritual invisible descrita en las Escrituras esté librándose en tu vida sexual? ¿Es posible que las fuerzas espirituales estén trabajando en las raíces de la inseguridad, la vergüenza, el egoísmo y el enojo que destruyen la intimidad entre tú y tu esposo? Como consecuencia del rechazo, el temor y el dolor, es fácil mirar al "enemigo" al otro lado de la cama y olvidarte del Enemigo que ha venido a mentir, hurtar y destruir.

Aceptar la hermosa verdad de la Palabra de Dios para tu sexualidad y tu intimidad significa aprender a reconocer y a enfrentar a Satanás, quien lucha por mantenerte atrapada en las mentiras. Tal vez hasta cierto grado estás pensando: *No lo puedo ver, y si no le hago caso tal vez se vaya.* No hacerle caso o minimizarlo juega a favor del adversario, ya que te impide estar alerta y preparada.

Estos próximos cinco días te estamos pidiendo que te pongas a pensar seriamente, que estudies la Palabra con profundidad, que mires con atención al espejo de la verdad y que te postres de rodillas. La Palabra de Dios dice que debemos tener una "mentalidad de batalla" y enfrentarnos a las acechanzas del maligno. Este trabajo requerirá tiempo y dedicación, y tal vez sea doloroso para ti. Pero, querida amiga, tu Amado promete estar contigo a cada paso y promete venir con sanidad y victoria en Sus alas.

DÍA 1
El perfil de un mentiroso

Practiquen el dominio propio y manténganse alerta. Su enemigo el diablo ronda como león rugiente, buscando a quién devorar (1 Pedro 5:8).

En una batalla hay fuerzas opuestas. En las batallas celestiales, Dios, las huestes de ángeles y los que están en la tierra en Su ejército son una fuerza. Satanás, los demonios y los que están en la tierra en el ejército de Satanás son la fuerza oponente. Un ejército busca entender a su oponente … ¿entiendes tú al tuyo? ¿Cómo describirías a Satanás? ¿Cómo te imaginas que luce o se escucha? ¿Es rojo y con cuernos? ¿Su voz se escucha como el siseo de una serpiente? Aunque tu Biblia no tiene un dibujo literal o una fotografía de tu enemigo, sí dibuja un perfil de su carácter.

♥ 1. Lee Juan 8:44, Juan 17:15 y Juan 12:31. ¿Cómo describe cada uno de estos pasajes a Satanás?

_____

_____

_____ ∎

La Palabra de Dios no solo pinta una imagen del carácter de tu enemigo sino que describe con detalle sus planes malévolos.

♥ 2. ¿Qué dice cada uno de estos pasajes acerca de los planes de tu enemigo?

Mateo 4:1–3

_____

_____

_____ ∎

Apocalipsis 12:9–10

_____

_____

_____ ∎

1 Pedro 5:8

_____

_____

_____ ∎

No es una imagen muy placentera. Satanás es malvado, es poderoso, tiene autoridad aquí en la tierra y te tiene en su mira. Engaña, acusa, destruye y mata. Está jugando a ganar. Vamos a ser perfectamente honestas. Satanás ha declarado una guerra en contra de tu matrimonio. Se ha trazado la meta de destruirte. ¿Cómo destruye?

Es un *acusador*. "¡Lo echaste a perder! ¡No mereces una intimidad embriagadora!"

Es un *mentiroso*. "¿Recuerdas todas las veces que trataste de dejar atrás tu pasado? Dios no es lo suficientemente grande como para ayudarte".

Es un *ladrón*. "¿Cómo puedes llamarte una buena cristiana y permitirte disfrutar tanto placer terrenal?"

Es un *malvado*. "Tu esposo no merece relaciones sexuales. Acuérdate lo insensible que es".

Es un *tentador.* "Solo estás hablando con él en la computadora. No es un amorío … aún no".

Es un *destructor.* "No tienes esperanza. Tus esfuerzos y sueños por construir un matrimonio no darán frutos. ¡Date por vencida ya!"

 3. Pídele a Dios que te enseñe las mentiras que tú crees. Escribe un párrafo describiendo cómo tu adversario habla mentiras en tu matrimonio y en tu sexualidad.

_____

_____

_____ ■

 4. Escribe tu propia paráfrasis de 1 Pedro 5:8 aquí. Si de verdad creyeras lo que dice este versículo, ¿cómo cambiaría la intimidad con tu esposo?

_____

_____

_____ ■

 5. Escribe una oración a Dios pidiéndole que te muestre esta semana cómo librar esta batalla.

_____

_____

_____ ■

DÍA 2
Casa de pensamientos

Tal vez conozcas la historia en Mateo 16 donde Jesús les dice a sus discípulos que pronto lo van a torturar y a matar. Pedro, uno de los discípulos más devotos de Jesús, quería enfáticamente evitarle la agonía de lo que Él estaba prediciendo.

Pedro lo llevó aparte y comenzó a reprenderlo: "¡De ninguna manera, Señor! ¡Esto no te sucederá jamás!" (22).

Para ti y para mí, las palabras de Pedro suenan como un discurso de ánimo de un amigo preocupado. Pero Jesús tuvo el discernimiento espiritual para escucharlas de manera diferente. Lee cómo le responde a Pedro.

¡Aléjate de mí, Satanás! Quieres hacerme tropezar; no piensas en las cosas de Dios sino en las de los hombres.

¡Jesús llama Satanás a uno de sus mejores amigos! Pedro debió haberse sentido insultado, confuso y dolido. Él solo quería evitar que le pasaran cosas malas a su Maestro. Jesús conocía muy bien al enemigo y reconoció sus mentiras de inmediato, aun de la boca de su amigo.

Debemos estar apercibidas de que las mentiras de Satanás pueden oírse muy amigables y ser aún más cómodas que la verdad. ¿Cómo es esto posible? Las mentiras del enemigo se acomodan y echan raíces en nuestros propios pensamientos. Las cinco mentiras que tratamos en la sesión tienen poder en tu matrimonio una vez que han tomado residencia en tus propios pensamientos.

Los planes engañosos del diablo se han vuelto tan familiares que parecen amigables y no extraños. ¡Satanás tiene un poder tremendo en las mentiras que crees acerca de la sexualidad! Cada una de nosotras, con base en nuestra personalidad y experiencias, somos vulnerables a mentiras particulares del enemigo. Él conoce dónde eres débil.

♥ 1. ¿Conoces cuáles son las áreas en las que eres vulnerable a los ataques del enemigo? ¿Existe una palabra específica o una serie de pensamientos acerca del sexo que sean un área de debilidad para ti?

_____

_____

_____

_____

_____

_____

_____

_____ ■

DE CERCA CON Juli

Aunque crecí en un hogar cristiano estable y antes del matrimonio básicamente era una "niña buena", aun así traje problemas sexuales y mentiras al matrimonio. Una de las mentiras que he creído por muchos años es que Dios creó el sexo básicamente para el placer de mi esposo, no el mío. Por varias razones, las relaciones sexuales eran dolorosas para mí los primeros años de nuestro matrimonio. Empecé a evadirlas y a sentir aprensión. Cuando Mike y yo teníamos relaciones sexuales, muchas veces sentí que era solo para complacerlo a él. Satanás usó estas circunstancias para producirme una gran aprensión y resentimiento hacia las insinuaciones de Mike. Me llené de tanto resentimiento y frustración que el sexo empezó a separarnos. No fue sino hasta que empecé a estudiar, enseñar y escribir sobre el tema que me di cuenta de que había aceptado una mentira. El diseño de Dios es para que tanto el marido como la mujer reciban una bendición a través de la relación sexual.

El poder de Satanás es insidioso y a la vez magistral porque las mentiras se han vuelto tus propios pensamientos, reforzados por tu experiencia. Se "sienten" más verdaderos que la realidad y sin embargo, el enemigo puede oprimirte a través de tus propios pensamientos. Has escuchado Proverbios 23:7: "Pues como piensa (la esposa) de sí en su corazón, así es ella" (nuestra paráfrasis de la versión LBLA). En otras palabras, la esencia de quien eres tú radica en tu forma de pensar.

> *"... es difícil discernir las áreas de opresión en nuestra vida. Después de todo, son nuestros pensamientos, nuestras actitudes, nuestras percepciones. Justificamos y defendemos nuestros pensamientos con la misma intensidad con la que nos justificamos y nos defendemos a nosotros mismos".*—Francis Frangipane[1]

¡La esencia de quién eres sexualmente y cómo enfrentas la intimidad con tu esposo radica en tu forma de pensar! ¡En la medida en que el enemigo haya infiltrado tus pensamientos, la verdad de Dios acerca del sexo permanecerá en las páginas de la Biblia y nunca llegará a tu habitación!

Tal vez no tengas un amigo como Pedro susurrándote las mentiras de Satanás en el oído. La voz del enemigo podrían ser tus propios pensamientos. Una vez que hayas aceptado su mentira, él tiene la plataforma y el poder para recriminar y tentarte. ¡La batalla comienza y termina con tus pensamientos!

♥ 2. Lee 2 Corintios 10:3–5. Escríbelo aquí.

_____

_____

_____ ▪

Este pasaje hace referencia a fortalezas demoníacas. Déjanos darte una definición:

Una fortaleza demoníaca es toda manera de pensar que se exalta a sí misma por sobre el conocimiento de Dios, dándole de esta manera un lugar de influencia seguro al diablo en los pensamientos de una persona.[2]

Es creer mentiras en vez de la verdad.

♥ 3. ¿Qué más explica el versículo 5 de las "fortalezas demoníacas" en contra de las cuáles batallamos?

_____

_____

_____ ▪

Querida amiga, cada una de nosotras tenemos áreas sobre nuestra manera de pensar del sexo que potencialmente le dan al enemigo fortalezas de mentiras. ¡Se han vuelto tan familiares y han sido reforzadas tantas veces que no reconocemos que son las armas del que nos engaña y destruye! Es hora de ser específicas acerca de cómo las mentiras de Satanás han tomado residencia en nuestros pensamientos.

(Linda:) Mi amiga Kayla es una linda esposa de pastor con un esposo amoroso y cuatro hijos. Ella creció con un padre que iba de amante en amante, siempre con una más joven y más hermosa. La esposa debía tener los hijos y ocuparse del cuidado del hogar; las chicas hermosas eran para su placer. Mientras yo compartía con Kayla acerca de Satanás y sus maneras engañosas, ella rápidamente vio las mentiras que el enemigo había grabado en sus pensamientos. Mentiras como: la seductora tiene poder; la esposa no tiene ninguno. La pureza no tiene poder. La forma en que Dios creó al hombre es errónea.

Nunca olvidaré cuando Kayla se puso de rodillas pidiéndole a Dios que la perdonara por creer las mentiras acerca de los hombres y la sexualidad. Sus palabras de arrepentimiento fluían como un río. Después me escribió este correo:

> Estoy procesando las verdades que compartiste, confiando en que Dios me dé la capacidad de implantar estas nuevas verdades sobre cientos (posiblemente miles) de heridas y recuerdos pasados que me han dejado emocionalmente paralizada y espiritualmente estancada.

> La revelación que, en mi dolor y engaño, he transformado y convertido al hombre en el enemigo, y no al diablo, ha cambiado para siempre la naturaleza de esta batalla. La lujuria y el sexo distorsionado ya tienen una nueva cara. Ahora sé que Satanás se disfraza como el hombre y el hombre no es el enemigo. Esta verdad reveladora me ha liberado de las cadenas que me ataban a la peor batalla que he enfrentado.

💙 4. Lee una vez más 2 Corintios 10:5. ¿Qué significa llevar cada pensamiento (de tu sexualidad) cautivo para que se someta a Cristo?

_____

_____

_____ ◾

💙 5. ¿Qué mentiras y pensamientos específicos acerca de tu sexualidad te está pidiendo Dios que lleves cautivos hoy?

_____

_____

_____ ◾

6. Oh, ¡cuánto necesitamos Su discernimiento para reconocer y reprender las mentiras del enemigo que vienen en forma de nuestras propias creencias! Escribe una oración al Señor pidiéndole que te revele las mentiras en tus propios pensamientos sobre tu sexualidad e intimidad con tu esposo.

_____

_____

_____

_____ ∎

DÍA 3
Todo es acerca del Hombre de Verdad (¡El que está en ti es más poderoso!)

Los cuatro Evangelios (Mateo, Marcos, Lucas y Juan) mencionan setenta y ocho veces que Jesús dijo: "¡Pero les digo la verdad!". Él ha venido para decirte la verdad sobre tu matrimonio y tu sexualidad. ¿Recuerdas las verdades que estudiamos la semana pasada sobre el sexo? Léelas en voz alta.

Dios dice que el sexo está diseñado para crear un conocimiento íntimo entre mi esposo y yo.

Dios dice que el sexo es una imagen de la intimidad espiritual que Él desea tener conmigo.

Dios dice que el sexo es un regalo para traernos placer exquisito a mi esposo y a mí.

Lo que acabas de leer es la verdad de Dios, Su opinión sobre la intimidad sexual. Su verdad es específica y confiable. Satanás, el enemigo de Dios, no inventa mentiras porque no tenga nada más que hacer. ¿Has notado que no ha tratado de convencerte de que el cielo es verde o que los chocolates saben mal? Sus mentiras y tácticas siempre tienen un propósito. En la raíz de cada mentira que susurra y cada verdad que distorsiona está la madre de todas las mentiras. Es esta:

DIOS NO ES DIGNO DE CONFIANZA.

Vivir de la verdad o de la mentira depende más de en *quién* crees que en *qué* crees. Tu adversario no solo está interesado en que creas las mentiras por creerlas. Su meta final es que dudes de la *Verdad*, no el concepto, sino de la persona.

Al Señor Jesús no solo le gusta la verdad. No solo *habla* la verdad. ¡Él es la verdad! (Juan 14:6). Todo acerca de Él es verdad. Mucha gente trata de eliminar

las mentiras de su mente, pero fracasan. Solo la Verdad te puede salvar de la mentira. Y la Verdad es Cristo Jesús.

Como has estado aprendiendo, los planes de Satanás son sutiles y bien diseñados; deforman la verdad con mentiras. Repasemos su encuentro con la "primera dama" en el jardín del Edén.

♥ 1. Lee Génesis 2:16–17 y 3:1–7. ¿Cómo plantó las dudas Satanás en la mente de Eva acerca de la confiabilidad y bondad de Dios?

_____

_____

_____ ∎

♥ 2. Según Satanás, ¿en quién debía confiar Eva en vez de Dios?

_____

_____

_____ ∎

Satanás es deliberado en sus intentos para desmantelar cada verdad de Dios. Él quiere que el sexo cree conflicto en tu matrimonio, no unidad. Quiere que lo veas como carnal y desagradable, y no como la ilustración hermosa del amor y la santidad de Dios. Él te mostrará que el poder del sexo se usa para causar dolor y no placer. Sobre todo, **quiere que dudes del diseño de Dios para el sexo. ¡Quiere convencerte de que Dios no quiere lo mejor para ti!**

♥ 3. Ayer te pedimos que empezaras a identificar mentiras específicas sobre tu sexualidad con las que te está atacando el enemigo. Escribe la mentira o mentiras aquí.

_____

_____

_____ ∎

♥ 4. ¿Cómo es que cada mentira termina siendo una mentira en contra de la confiabilidad de Dios?

_____

_____

_____ ∎

Has leído 1 Pedro 5:8–9 esta semana. Este pasaje pinta una aterradora imagen de Satanás como león rugiente buscando a quién devorar. Si eso no te espanta un poco, revisa tu pulso. Pelear en contra de este enemigo produce temor. Algunos son devorados por él. Pero estar preparada para la batalla y tener miedo son dos cosas diferentes.

♥ 5. Ahora lee 1 Pedro 5:7, el versículo antes de "león rugiente". Escríbelo aquí.

_____

_____

_____ ∎

Aunque Jesús te dice que tienes que estar firme en contra del enemigo, también te dice que Él se ocupa de cuidarte. Te dice exactamente qué hacer al respecto: depositar tu ansiedad o temor en Él.

Puedes depositar todo el peso de tu ansiedad en Él porque eres el objeto de Su cuidado personal. Le importas. Debes tener una mentalidad de batalla, mantente alerta, tu enemigo el diablo ronda como león rugiente, buscando a quién devorar. ¡Pero resístelo, mantente firme en la fe! (1 Pedro 5:7–9, nuestra traducción, incluyendo un poco de Phillips)

Tus cuidados y ansiedades, todo lo que te preocupa acerca de tu intimidad sexual con tu esposo, es de gran inquietud para tu Abba Padre. Él se preocupa por ti amorosamente y te cuida con mucha atención. Mientras duermas esta noche, Él estará despierto orando por ti. Porque su amor por ti —por tu matrimonio— es tan profundo, Él desea que deposites toda tu ansiedad sobre sus hombros.

¿Cómo depositas la ansiedad acerca de tu intimidad sexual en Él? Dejaremos que Maureen te diga cómo ella depositó su gran carga en el Señor.

Los abortos que me practiqué eran como una soga alrededor de mi cuello. Si daba un paso hacia delante en mi libertad escuchaba: "Acuérdate de lo que hiciste … no puedes ser libre". Fue como una revelación darme cuenta de que el enemigo me estaba atacando con esas palabras. Deseaba arrojar toda mi ansiedad y mi culpa en el Señor. Así que tomé una piedra, salí a caminar y nombré la piedra con mi ansiedad. "Piedra, tu nombre es aborto". Le dije al Señor que no podía cargar este peso más y entonces arrojé la piedra tan lejos como pude … lejos de mí, hacia Él. Mis hombros se sintieron más ligeros; mi carga estaba sobre SUS hombros fuertes. Y cuando el Acusador trataba de atacarme con sus palabras de culpabilidad, yo le decía: "Dios dice que mis pecados han sido lanzados a lo más profundo del mar y que Él puso un letrero que dice· 'Prohibido pescar'. Así que, Satanás, aléjate de mí. No escucharé tus mentiras".

♥ 6. Busca una piedra fuera de tu casa. Pasa tiempo a solas con el Señor hablándole sobre la "piedra" que has estado cargando. ¿Tiene nombre? Arroja la piedra tan lejos como puedas como símbolo de que confías que Dios te cuida. Deposita tus cargas en Él.

Tienes una decisión hoy. Has escuchado, leído y estudiado lo que Dios dice acerca del sexo y has aprendido sobre las intenciones de Satanás para destruir la verdad. Así que te preguntamos: ¿En quién confías? Entendemos que las mentiras pueden parecer seguras y cómodas. Si tu niñez te enseñó que el sexo es doloroso, traumático, destructivo y explotador, aceptar la verdad de que el diseño de Dios para el sexo es hermoso ¡es un gran paso! El mensaje "deformado" de Satanás parece verdadero y seguro. Tal vez tu corazón esté palpitando al leer estas palabras ... tu Salvador te está haciendo esta pregunta: *¿Confiarás en Mí, preciosa, porque Yo he venido para que tengas vida?*

DÍA 4
Vestida para la batalla

Como resultado de tu lucha esta semana contra las mentiras que has creído, ¿crees ahora que Jesús es más grande que Satanás? A pesar de que el enemigo tiene mucho poder, es un enemigo derrotado. Dios, en su soberanía, permite que nos lleguen las mentiras de Satanás. Aun así, Satanás no tiene el poder para derrotarnos. ¡No estás sola en tu batalla contra el enemigo! Dios desea tanto que tú, su preciosa hija, sepas cómo pelear contra las mentiras que hasta te dice cómo vestirte para la batalla.

♥ 1. Lee Efesios 6:10–12. ¿Contra quién debes estar protegida según este versículo?

_____

_____

_____ ∎

♥ 2. Lee Efesios 6:13–18. Escribe un párrafo describiendo tu armadura.

_____

_____

_____

_____ ∎

Sabemos que todo esto suena como "algo del otro mundo". ¡Lo es! Pero también es TAN real como los montones de ropa sucia que tienes en el baño y el techo sobre tu cabeza. Dios quiere que estés equipada en este mundo para mantenerte firme contra las fuerzas espirituales invisibles que pelean contra ti.

Tal vez te preguntes: *Está bien, Linda y Juli. Entiendo que hay una batalla espiritual. Es más, puedo ver las mentiras que he creído. Pero ¿cómo pones estas cosas en práctica en tu vida diaria?* Nos hemos preguntado lo mismo. He aquí tres pasos muy prácticos que puedes dar para confrontar las mentiras del enemigo en tu matrimonio:

Paso 1: NOMBRA la mentira.

Paso 2: LEVANTA el escudo de la fe en tu mano izquierda: "Confío en mi Señor Jesucristo. ¡Él es Verdad!".

Paso 3: PROCLAMA la verdad con la Espada del Espíritu en tu mano derecha.

♥ 3. Lee Mateo 4:1–10. Identifica cómo Jesús:

nombró la mentira.

_____

_____

_____ ▪

levantó el escudo de la fe.

_____

_____

_____ ▪

proclamó la Verdad con la Espada del Espíritu, que es la Palabra de Dios.

_____

_____

_____ ▪

Tamara fue víctima de abuso sexual desde que era muy pequeña. El sexo era algo sucio, asqueroso, repugnante y vil. Ahora se iba a casar. Necesitaba pelear contra las mentiras y por la verdad de Dios.

Cómo libró Tamara su batalla:

Quería todo lo que da el matrimonio con este hombre que amaba, excepto la relación sexual … jamás la relación sexual. Me sorprendió aprender la opinión de Dios y darme cuenta de que, por mi profundo dolor acerca del sexo, había creído una mentira. Así que le pedí a Dios que me mostrara cómo combatir las mentiras del enemigo en mí.

Primero, dije la mentira en voz alta: "Estoy creyendo que por mi pasado, no puedo disfrutar del sexo. No puedo ser pura".

Segundo, declaré que quería creer en Cristo y Su verdad acerca de mi sexualidad.

Tercero, proclamé las Escrituras directamente a Satanás, como lo hizo Jesús. "De modo que si [alguna mujer] está en Cristo, nueva criatura es; las cosas viejas pasaron; he aquí, son hechas nuevas" (2 Corintios 5:17, LBLA).

"Dios, quiero que solo Tus nuevos pensamientos y nuevas verdades sobre el sexo sean parte de mí. Te agradezco que dices que las cosas son hechas nuevas. Que sea una verdad en mi matrimonio. ¡Enséñame a vivir así con mi nuevo esposo!"

Nuestra amiga, Judy Donaban, comparte sus consejos sabios de cómo pelear como pareja contra el enemigo:

He visto que leer la Escritura en voz alta (preferiblemente juntos) es un arma poderosa cuando las parejas enfrentan batallas difíciles. Rick y yo memorizamos el Salmo 91 durante una tormenta fuerte en nuestro matrimonio, y muchas veces Rick oraba por mí con este Salmo cuando la batalla era más intensa. Creo que el Salmo 91 es un pasaje clave "de guerra" que habla de nuestra autoridad sobre el león y la cobra.

Otra herramienta poderosa para el matrimonio en la batalla es orar juntos en voz alta. Muchas parejas no saben dónde comenzar o cómo orar por la armadura, así que no lo hacen. Yo sé que en mi propio andar, tener una oración escrita llena de versículos puede ser muy útil cuando la batalla se intensifica especialmente contra mi matrimonio o mi familia.

En los últimos días le has estado pidiendo a tu Abba Padre que te ayude a discernir las mentiras que el enemigo te dice sobre tu matrimonio y tu sexualidad. Las has escrito, has orado por ellas y has pedido que la verdad las confronte. Amiga, ¿te anima saber que Jesús esta intercediendo por tí ahora mismo? (Hebreos 7:25).

Dar el siguiente paso para levantar el escudo de la fe y proclamar la verdad depende de saber la verdad profunda en tu corazón. En los pasajes que acabas de estudiar, viste cómo Jesús derrotó a Satanás hablando la Escritura. Efesios 6:17 dice que proclamar la verdad de Dios es como tener una espada con la cuál atacas a tu enemigo. Pero para mantenerte en la verdad debes conocerla.

💟 4. Escribe tres pasajes bíblicos que pueden ayudarte a mantenerte firme contra las mentiras específicas a las cuales eres más vulnerable. Te hemos dado algunos ejemplos de otras mujeres, pero queremos que busques en la Palabra de Dios por ti misma.

_____

_____

_____

_____

_____

_____ ∎

DÍA 5

El lugar secreto: ¡adoración!

Esta semana, tu tiempo en el lugar secreto será para la adoración. La adoración es una de las formas más poderosas de cultivar intimidad con Dios y destruir las mentiras del enemigo. "En la batalla espiritual, la adoración es un valla de protección alrededor de tu alma".[3]

La mayoría de los cristianos piensan que la adoración son las canciones que cantan el domingo en la iglesia. La adoración en comunidad es una celebración hermosa y una ofrenda de alabanza al Rey de reyes. Pero la adoración privada, la que ocurre en el lugar secreto, es esencial para la victoria en reclamar la verdad. Cuando tú adoras, te estás aferrando al escudo de la fe, depositando tu confianza en el Señor. Al mismo tiempo, proclamas quién es Jesús clavando la espada de verdad en el enemigo. Mientras que la memorización de la Escritura renueva tu mente, la adoración es el lenguaje de amor de Dios, que permite que la verdad lave tu corazón.

He aquí un secreto: ¡Satanás *odia* cuando alabamos al Señor! Lee las siguientes descripciones hermosas del por qué la alabanza es tan eficaz contra Satanás.

En el Salmo 22:3 se nos dice que Dios "habita en las alabanzas" de Su pueblo. Esto significa que donde quiera que hay adoración, reverencia y alabanza aceptables, ahí es donde se identifica Dios y hace Su presencia manifiesta. Y Su presencia siempre echa fuera a Satanás. Satanás no puede operar en un ambiente divino. En pocas palabras, Satanás es alérgico a la alabanza, así que cuando hay alabanza masiva y triunfante, Satanás está paralizado y atado y es expulsado.—Paul Billheimer[4]

♥ 1. Pon música de alabanza y adoración, arrodíllate y humildemente pídele al Señor que te ayude a entender más profundamente lo que significa adorarle.

_____

_____

_____

_____

_____ ▪

♥ 2. Esta lección se ha tratado de permanecer en la verdad, así que toma la palabra VERDAD, y expresa alabanza por quién ÉL es como VERDAD con estas letras: (¡Hemos comenzado, pero pensamos que puedes añadirle más!)

V—Verdad, veraz _____

E— Eterno, excelso _____

R—Restaurador, renovador_____

D—Dios, dador_____

A—Amor, amparo _____

D—Divino, dulce _____

♥ 3. Usa algunas de estas palabras de adoración de la palabra "VERDAD" y escribe una oración a Dios agradeciéndole por quién es Él.

_____

_____

_____

_____ ▪

♥ 4. Escribe una lista de tus "alabanzas" a Dios por tu intimidad sexual con tu esposo. Hemos comenzado una lista para ti … ¡sigue añadiéndole!

_____

_____

_____ ▪

Te alabo por el regalo del sexo.
Te alabo porque podemos crecer en nuestra intimidad sexual.
Te alabo porque Tú haces todas las cosas nuevas.
Te alabo por el perdón.
Te alabo porque eres el sanador de mi sexualidad.
Te alabo porque el sexo embriagador es para mi esposo y para mí.

Esperamos que estés emocionada de adorar a tu Dios de VERDAD. ¡Así que continúa deleitándote en todo lo que Él es y alabándole en espíritu y en verdad! Nuestra amiga Alaine lo dijo bien:

"¡Cuando muera, no quiero que me recuerden como alguien que supo pelear contra Satanás; quiero ser recordada como una adoradora de mi Dios!

¡Amén!"

¿Qué clase de amor haces?

Esposa: "Después de un día agotador corriendo detrás de los niños, trabajando durante sus siestas y jugando al "ama de casa", ¡finalmente es tiempo de descansar! Justo me duermo cuando "Romeo" viene a la cama después de la medianoche y me toca. ¿Cómo puede ser tan insensible y egoísta? ¿Soy solamente un cuerpo para él?"

Esposo: "He estado trabajando muchas horas últimamente. Las reuniones se alargan y las fechas límite me presionan. Lo único que quiero es estar en casa con mi esposa. En lo único que puedo pensar es en su cuerpo. Finalmente llego a casa y la encuentro dormida. No le molestará si la despierto. Apuesto que ha estado esperando verme todo el día".

Esposa: "¿En serio? ¡Me despierta para esto! Naturalmente, le digo que lo olvide. Si me quiere en la cama necesita empezar a mostrarme amor durante el día. ¿Qué piensa que hago todo el día? ¿Sentarme y esperarlo pensando en el sexo?"

Esposo: "Debería haber sabido que respondería así. ¿Por qué sigo intentándolo?"

¿Suena familiar? ¿Te sorpredería saber que este tipo de encuentro se ha producido durante siglos? Esta es una adaptación moderna de la Mujer Supersexy y su esposo. Las diferencias entre estos dos amantes amenazan con arruinar su intimidad y causar el único conflicto que vemos en el *Cantar de los Cantares*.

Las cosas no han cambiado mucho desde que Salomón escribió lo diferentes que eran él y su esposa. Tú y tu esposo siguen siendo diferentes sexualmente y esas diferencias amenazan con destruir la intimidad entre ustedes. Tienes preguntas sobre el diseño de Dios. Una esposa joven llamada Nicole también las tenía.

CAPÍTULO 5

TEMA:

las diferencias sexuales te presentan una opción secreta: ¿serás una amante servicial o una egoísta?

VERSÍCULO LEMA:

"No sean egoístas; no traten de impresionar a nadie. Sean humildes, es decir, considerando a los demás [a tu esposo] como mejores que ustedes" (Filipenses 2:3, NTV).

¿Señor, por qué hiciste al hombre y a la mujer tan diferentes sexualmente? Mi esposo y yo tenemos apetitos sexuales distintos; lo que le excita a él a mí me apaga; hasta usamos palabras diferentes para comunicarnos acerca del sexo?. ¿Es esto una broma cruel? ¡Pareciera que has colgado la promesa del placer y la unidad para que la contemplemos, pero no la podemos probar porque somos muy diferentes como para complacernos uno al otro!

Al igual que Nicole, ¿te has preguntado por qué Dios te hizo a ti y a tu esposo tan diferentes? ¿Tus intentos de satisfacción sexual han resultado en conflicto más que en unidad?

Prepárate para un nuevo concepto. ¡Queremos retarte con una declaración radical! *Las diferencias sexuales entre tú y tu esposo pueden ser una poderosa fuente de unidad.* ¿Suena a locura? Ten paciencia y sigue escuchando. Esto es importante.

Las mismas cosas por las que te peleas con él en la habitación:

- Qué tan frecuentemente tener relaciones sexuales
- Qué tanto juego erótico
- ¿Se pueden usar juguetes sexuales?
- Qué palabras usar
- Alguna novedad sexual que te da temor

… todas estas cosas pueden pasar de destruir tu intimidad a hacer que se profundice su unidad.[1] Vas a necesitar algo de trabajo y determinación para que lleguen a ese punto, ¡pero creemos que lo puedes hacer!

DÍA 1
¡No, Dios no se equivocó!

Imagínate que tú y tu esposo viven una utopía sexual. Siempre quieres tener relaciones sexuales al mismo tiempo y en la misma forma que tu esposo. Cada invitación recibe una respuesta ansiosa. Nunca hay conflicto acerca de los juegos sexuales, de estar muy cansados, de darse placer el uno al otro o intentar cosas nuevas en la cama porque sus deseos son siempre exactamente iguales. ¿Qué tan fantástico sería eso? Sería casi como el sexo que se presenta en las películas. ¡Qué vida amorosa tan fantástica!

Dios, el Creador creativo, sin duda podría haber hecho el sexo de esa manera. Pudo haber creado al hombre y a la mujer para que fueran exactamente iguales sexualmente. Pero no lo hizo. De hecho, intencionalmente nos hizo muy diferentes. Lee cómo las esposas dicen que estas diferencias se dan en sus matrimonios.

"A mí me gusta mucho romance y que me toque, pero no de una manera sexual. Él quiere llegar a la 'meta' enseguida".—Jasmine

"Mi esposo no está muy interesado en el sexo. Cuando lo está, es algo rápido de cinco minutos. ¡Oh, cómo me gustaría que quisiera disfrutar mi cuerpo!"—Jessie

"Él es un hombre que piensa que 'todo los días son buenos para el sexo' … con dos veces al mes yo sería feliz".—Nashonna

"Él quiere probar que es un 'superman sexual' haciendo que yo tenga dos o tres orgasmos. Yo soy feliz con uno. ¿Por qué tiene que ser un concurso? ¿Por qué no podemos verdaderamente hacer el amor?"—Cynthia

"Pareciera que mi esposo siempre quiere rebasar los límites en la cama. Yo solo quiero disfrutar la dulzura de estar juntos".—Sonja

"Mi esposo solo necesita verme desnuda por unos segundos y está listo para la acción. Pareciera que me toma horas mentalizarme para el sexo. Él se frustra mucho conmigo, pero no puedo cambiar de velocidad como él".—Carly

¿Se equivocó Dios con estas parejas? ¿Acaso "arruinó" el diseño maestro del sexo al hacer a un esposo y a su esposa tan diferentes? ¿Se sienta Dios en el cielo y se ríe de que no podemos complacernos el uno al otro?

DIFERENCIAS BÁSICAS

EL HOMBRE	LA MUJER
La relación sexual le produce sentimientos de amor	Los sentimientos de amor la llevan a la relación sexual
Se excita y se satisface con rapidez	Se excita y se satisface lentamente
Lo mejor del sexo es la **liberación** de tensión: la meta	Lo mejor del sexo es el **aumento** de la tensión: la trayectoria
Desea estímulo directo e inmediato en un solo lugar	Desea que la toquen por todas partes, retrasando así el estímulo directo
Desea la relación sexual para relajarse	Tiene que relajarse para tener una relación sexual
Se excita mediante la vista	Se excita mediante las emociones y sensaciones
Los mejores años para la relación sexual es el final de la adolescencia y principio de los 20	Los mejores años para la relación sexual son los 30 y los 40
El deseo depende de hormonas constantes	El deseo depende de hormonas cambiantes
Es capaz de un solo orgasmo	Es capaz de múltiples y variados orgasmos

Recuerda que aun antes de que el pecado entrara al jardín del Edén, Adán y Eva tenían diferencias sexuales esenciales en la manera en que Dios los creó. Dios declaró que Su creación del hombre y la mujer era "muy buena" y esto incluía las diferencias sexuales. Es difícil de imaginar, pero son estas diferencias entre tú y tu esposo las que pueden crear una intimidad *yada* profunda.

Tal vez estés pensando: *Está bien, Juli y Linda. Quiero creer lo que me dicen, pero es que ustedes no entienden lo frustrante que es esto. Quiero desesperadamente una vida sexual increíble, pero mi esposo y yo nunca estamos de acuerdo. El sexo nos está dividiendo tanto que ni siquiera podemos hablar de ello. ¿Cómo es que nuestras diferencias pueden acercarnos más?*

Así es cómo funciona. El diseño de Dios para el sexo *no* es solo para el placer exquisito inmediato (aunque Él está de acuerdo con eso). Dios tiene un regalo más precioso de intimidad para ti y para tu esposo más allá de lo que dice el mundo que es el sexo. El asunto es este: requiere una clase de amor diferente.

El sexo está diseñado para ser más que una expresión de amor entre un esposo y su esposa. También es el fuego refinador del amor. Pone a prueba y les enseña a un hombre y una mujer dispuestos a alcanzar más allá de sus deseos naturales y aprender lo que realmente es el amor servicial.

El mundo solo conoce el amor que se siente bien. Nacimos con la respuesta natural de "amar" a aquellos que llenan nuestras necesidades físicas y emocionales. Esa clase de amor natural es esencialmente amor propio. En realidad está diciendo: "Me encanta la manera en que me haces sentir".

Si tu esposo tuviera el mismo apetito sexual que tú, si le gustara que lo besaras y lo tocaras en la misma forma que a ti te gusta, francamente amarlo no te costaría mucho.

Tú ya sabes cómo amar a tu esposo con un amor natural que es egoísta. Es fácil complacerlo cuando él te complace. Pero ¿sabes cuál es el secreto de amarlo en los días "malos"? ¿Sabes cómo responderle sexualmente cuando eso es lo último que quieres hacer? *Esa* es la clase de amor que Dios quiere cultivar en ti y en tu marido. Puede que esté usando sus diferencias sexuales como campo de entrenamiento.

En contraste al amor egoísta, el amor de Dios es incondicional, no cambia y es firme. Le llamamos a esto amor servicial. En vez de siempre preguntar: "¿Cómo me beneficia?", el amor servicial pregunta: "¿Cómo puedo bendecir a mi esposo?".

DE CERCA CON *Linda*

♥ 1. ¿Cómo has sido tentada a amar sexualmente a tu esposo solo con esta clase de amor egoísta?

_____

_____

_____ ∎

♥ 2. Lee 1 Corintios 13:4–8a y parafrasea esta hermosa descripción del amor servicial.

_____

_____

_____ ∎

Tomé estos hermosos enunciados sobre el amor servicial de 1 Corintios 13 y los hice una oración personal para el Señor. El primer día tomé el pensamiento de que el amor es paciente. Aquí está: *Señor, ¿cómo puedo ser **paciente** hoy? Yo quiero: Darle a Jody la gracia que le doy a una amiga. Tener su visión para ver cómo él ve la vida hoy. Ser tan comprensiva de sus debilidades como lo fui en nuestro primer año de matrimonio.*

♥ 3. Escoge dos frases de 1 Corintios 13 y haz de ellas una oración personal a Dios acerca de tu matrimonio como lo hizo Linda.

_____

_____

_____

_____

_____ ■

♥ 4. ¿Cómo crees que Dios usa las diferencias sexuales entre un esposo y su esposa para enseñarles el amor servicial?

_____

_____

_____ ■

♥ 5. ¿Qué diferencias han causado más tensión y angustia en su relación sexual?

_____

_____

_____ ■

♥ 6. Completa estos enunciados:

Si respondo a nuestras diferencias sexuales con amor egoísta, yo …

_____

_____

_____ ■

Si respondo a nuestras diferencias sexuales con amor servicial, yo …

_____

_____

_____ ■

El título de este capítulo es "¿Qué clase de amor haces?". La forma en que reacciones a las diferencias entre tú y tu esposo responderá esta pregunta. ¿Eres una amante egoísta o servicial?

 7. Específicamente, ¿cómo puedes tomar una decisión secreta que permita que esas diferencias te enseñen a amar a tu esposo como lo explica 1 Corintios 13?

_____

_____

_____

_____

DÍA 2
La humildad es un afrodisíaco

Alrededor del mundo, la gente cree que ha descubierto el producto perfecto de la excitación. A través de los siglos, la avena ha sido considerada un afrodisíaco. Tal vez escuchaste decir: "Ese tipo está cosechando su propia avena". En China, la mucosidad del hipopótamo se usa para aumentar la libido, pero dudo que lo vendan en el supermercado . Tal vez el afrodisíaco más conocido sean las ostras. Para nosotras los chocolates M&M's verdes suenan más apetitosos que las ostras. No sabemos si surten efecto, pero sería una buena excusa para comerlos.

Con todos los cuentos y leyendas urbanas sobre los afrodisíacos, ¿existe realmente algo que incremente el deseo sexual? Creemos que hemos encontrado algo que sí surte efecto: la humildad. Tal vez no esté clasificada como un agente que excita, pero estamos convencidas de que, de una manera sobrenatural, prepara el camino para la unidad a través de las diferencias.

> ¿Hay algún estímulo en pertenecer a Cristo? ¿Existe algún consuelo en su amor? ¿Tenemos en conjunto alguna comunión en el Espíritu? ¿Tienen ustedes un corazón tierno y compasivo? Entonces, háganme verdaderamente feliz poniéndose de acuerdo de todo corazón entre ustedes, amándose unos a otros y trabajando juntos con un mismo pensamiento y un mismo propósito. No sean egoístas; no traten de impresionar a nadie. Sean humildes, es decir, considerando a los demás como mejores que ustedes. No se ocupen solo de sus propios intereses, sino también procuren interesarse en los demás (Filipenses 2:1–4, NTV)

¿Sabías que este pasaje trata de cómo construir la unidad? Y también se aplica a la unidad *sexual*.

♥ 1. ¿Qué crees que significa "poniéndose de acuerdo de todo corazón entre ustedes, amándose unos a otros y trabajando juntos con un mismo pensamiento y un mismo propósito" en lo que respecta a tu intimidad sexual?

_____

_____

_____ ■

Aquí está nuestra paráfrasis de Filipenses 2:1–4:

Si Dios ha sido bueno contigo de alguna manera, dale gracias buscando la unidad con los demás. ¿Cómo haces esto? ¡Deja de buscar tu propio interés! Esto empieza con humildad y acciones desinteresadas.

Hoy queremos mirar más de cerca las instrucciones de Pablo para que en humildad consideremos a los demás mejores que a nosotras. Creemos que esta es la *clave* para transformar la manera en que enfrentamos nuestras diferencias en la habitación. *Las diferencias dividen cuando nos volvemos arrogantes y orgullosas.*

♥ 2. ¿Alguna vez has considerado la sexualidad de tu esposo *mejor* que la tuya? Si es así, ¿cómo?

_____

_____

_____ ■

Desde que éramos pequeñas, molestábamos a los niños con dichos y bromas como las siguientes:

Arriba las niñas; abajo los niños.

Las niñas son lindas, los niños no. Las niñas son dulces; los niños, un limón.

Las niñas lo saben todo; solo que los niños todavía no se dan cuenta.

Y cuando las niñas se convierten en mujeres se vuelven más agresivas. "Dios creó al hombre antes que a la mujer porque siempre se hace un borrador antes que la obra maestra".

Sí, los niños también están armados para combatir los ataques de las niñas. El mensaje detrás de la "batalla de los sexos" es que mi manera de ver la vida y las relaciones es mejor que la de mi esposo. Esta opinión impacta dramáticamente las diferencias sexuales. La mayoría de las mujeres (incluyéndonos a nosotras) hemos estado estancadas pensando que la sexualidad de la mujer *es mejor, más auténtica, más madura, más digna y más espiritual* que la del hombre.

♥ 3. ¿Cuáles son algunos comentarios despectivos que has escuchado de otras mujeres acerca de la sexualidad masculina?

_____

_____

_____ ▪

♥ 4. ¿Qué impacto crees que tienen estos comentarios en tu esposo?

_____

_____

_____ ▪

Piensa en la última vez que tú y tu esposo estuvieron en desacuerdo sobre algo sexual. Tal vez te le insinuaste y él te rechazó. O tal vez él te sugirió algo muy atrevido para tu gusto y te negaste por completo. ¿Cuál fue el monólogo interno en tu mente? ¿Qué pensamientos recorrieron tu mente? De seguro pensaste en todas las razones por las cuales tu esposo era insensible, egoísta o aun perverso. A fin de cuentas: refunfuñaste porque tú estabas en lo correcto y tu esposo estaba equivocado.

Es importante que entiendas esto: no son las diferencias sexuales en tu relación las que causan el conflicto. *Es la forma en que tú y tu esposo reaccionan a esas diferencias.* El orgullo y la arrogancia son la forma natural de responder y siempre llevarán al conflicto.

♥ 5. ¿Cómo han influido el orgullo y la arrogancia en tu manera de ver la sexualidad de tu esposo?

_____

_____

_____ ▪

♥ 6. ¿Qué actitudes y experiencias te impiden valorar la sexualidad de tu esposo más que la tuya?

_____

_____

_____ ▪

Sabemos que lo que escribió Pablo en Filipenses suena a locura, particularmente si lo aplicas al sexo. ¡Sin embargo, estos versículos te dicen cómo hacer el amor servicial!

♥ 7. Lee Filipenses 2:2–5 en voz alta a Dios. Pregúntale si tus actitudes o acciones comunican que "mi manera es la manera correcta". Si es así, pídele a Dios que te ayude a buscar la humildad.

a. ¿Tienes que pedirle al Señor que te perdone?

b. ¿Necesitas pedirle a tu esposo que te perdone?

c. ¿Cómo puedes mostrarle a tu esposo que estás cultivando una nueva actitud?

Describe cómo vas a dar un paso práctico.

_____

_____

_____ ■

DÍA 3
La vida a través de los ojos de tu esposo

Ayer aprendimos del apóstol Pablo que las diferencias nos dividen cuando somos orgullosos. La humildad prepara el camino para el amor servicial y la unidad. Hoy queremos concentrarnos en dos versículos muy convincentes sobre el egoísmo.

No sean egoístas, no traten de impresionar a nadie … no se ocupen solo de sus propios intereses [o necesidades], sino también procuren interesarse en los demás [tu esposo] (Filipenses 2:3–4, NTV).

Las diferencias nos dividen cuando nos enfocamos en nosotros mismos. La pareja promedio se frustra de tal manera con sus diferencias sexuales que literalmente pierde la habilidad para entender cómo piensa o se siente su cónyuge sobre el sexo. La enseñanza de Pablo en Filipenses dice que no podemos estar unidos hasta que dejemos a un lado nuestro egoísmo y consideremos lo que nuestro esposo necesita.

♥ I. Escribe un párrafo describiendo cómo sería si te "preocuparas por el interés sexual de tu esposo".

_____

_____

_____ ■

Para ayudarte a entender por qué el sexo es tan importante para los hombres, queremos animarte a entender y afirmar el diseño intencional de Dios para la sexualidad de tu esposo. Las cuatro preguntas siguientes podrían retar tu perspectiva.

1. *¿Por qué todo tiene que ser acerca del pene?*

¿Por qué? Porque el pene es el centro de su masculinidad … lo define como hombre. El cuerpo de una mujer dice a gritos que es femenina. Su período menstrual dice: "Te estás preparando para ser mamá". Su cuerpo se contorsiona para sostener a un bebé en crecimiento. Sus senos se llenan de leche para nutrir a su bebé. Su cuerpo declara: eres mamá, eres femenina. ¿Qué tiene un hombre que declara su masculinidad? Una cosa. Sus habilidades como amante. El tomar a su esposa. ¿Cómo? Con la rigidez y el volumen de su pene. Dios creó el pene como símbolo de masculinidad. ¿Por qué es el Viagra un negocio multimillonario? Porque si el órgano masculino no se erecta es una señal para él de que no es hombre. Él no puede ser quién Dios lo creó, el agresor que conquista y se gana a su esposa.

2. *¿Por qué el sexo es tan importante para mi esposo?*

La hormona que regula el deseo sexual tanto en el hombre como en la mujer es la testosterona. ¡El hombre promedio tiene veinte veces más testosterona que su esposa! Esa es la razón biológica por la que piensa en el sexo con frecuencia. Sin embargo, contrario a lo que muchas mujeres piensan, el sexo no es solo un deseo biológico para el hombre. Muchos hombres experimentan el sexo como la manera primordial de comunicarse y conectarse emocionalmente con su esposa.

En el cuerpo del hombre, los órganos sexuales son externos y dados para un propósito, y ese propósito es la relación sexual. Es una parte primordial de su masculinidad. Cuando tiene un mal día, necesita sexo. Cuando tiene un buen día, desea el sexo. Es el dar y recibir en la unión sexual que lleva a un hombre a protegernos, cuidarnos, amarnos e incluso a morir por nosotras. Sus órganos están "fuera" del cuerpo. Son externos.—Sally Meredith[2]

3. *¿Por qué solo quiere ser tocado en un lugar?*

Existe una razón biológica. Las dieciséis glándulas del hombre están localizadas en un solo lugar. Efectivamente, adivinaste. Como mujer, nos excitamos cuando nos toca en hombros, la espalda, con el recorrido de sus manos entre nuestros senos, el deslizamiento de sus dedos por todo nuestro cuerpo. Pero para él, la excitación no está en todo el cuerpo. Está en un solo lugar. Es el diseño de Dios.

4. *¿Por qué mira el cuerpo de otras mujeres?*

El Señor creó a tu esposo para ser estimulado sexualmente por la vista, al ver el cuerpo desnudo de la mujer. ¡Ese es Su diseño y ha de ser un regalo para ti! Dios diseñó a tu esposo para que sea cautivado absolutamente al verte sin ropa. La atracción fue diseñada para ser tan grande que su deseo por ti pasa por alto las marcas en tu cuerpo, las arrugas o la celulitis. Dios también diseñó a tu esposo para querer estar desnudo contigo a menudo. El deseo sexual de tu esposo (y su deseo de desnudarte) provoca que sus pensamientos regresen a ti una y otra vez a través de los años de tu matrimonio. No puede pasar mucho tiempo sin la necesidad de tocarte. ¡Qué regalo!

Siempre he sido algo remilgada para hablar del sexo. No, en serio, ¡lo he sido! Así es que hablar de mis necesidades y las de Mike no fue fácil. Algo que realmente nos ayudó fue leer buenos libros sobre sexo juntos en voz alta. De esa forma, el autor podía decir las palabras "pene" y "orgasmo" y yo no tenía que hacerlo. Entonces Mike o yo podíamos decir: "Así me siento". Aquí hay algunos libros que te recomendamos para que leas junto con tu esposo.

Temas de Intimidad por Linda Dillow y Lorraine Pintus

Intimacy Ignited [*La intimidad encendida*] por Jody y Linda Dillow, Peter y Lorraine Pintus

No más dolores de cabeza por Juli Slattery

The Gift of Sex [*El regalo del sexo*] por Cliff y Joyce Penner

The Way to Really Love Your Wife [*La manera de amar realmente a tu esposa*] por Cliff y Joyce Penner

Una celebración del sexo por Douglas Rosenau

Amiga, te rogamos que no permitas que la distorsión de Satanás de la sexualidad masculina te ciegue a lo que Dios ha creado magníficamente.

Vuelve a pensar en el versículo que habla de vivir "sin egoísmo": "No sean egoístas; no traten de impresionar a nadie … no se ocupen solo de sus propios intereses [necesidades], sino también procuren interesarse en los demás [tu esposo]" (Filipenses 2:3–4).

💙 2. ¿Cuáles son las necesidades que debes hacer a un lado para poder entender y valorar las necesidades de tu esposo en la habitación?

_____

_____

_____

_____

_____

_____

_____ ∎

Lo que Dios te está pidiendo a través de Su Palabra no es fácil, y tampoco es natural. Sin embargo, no te está pidiendo que hagas nada que Él no haya hecho ya.

💙 3. Lee Filipenses 2:5–8 y escríbelo en tus propias palabras.

_____

_____

_____

_____

_____

_____ ∎

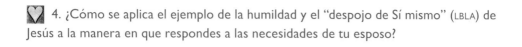 4. ¿Cómo se aplica el ejemplo de la humildad y el "despojo de Sí mismo" (LBLA) de Jesús a la manera en que respondes a las necesidades de tu esposo?

_____

_____

_____ ∎

Un paso muy importante para poner en práctica Filipenses 2 es aprender a escuchar. No estamos hablando de preguntar: "¿Cómo te fue hoy, querido?". Nos referimos a escuchar con atención para conocer las necesidades de tu esposo. El escuchar que procura entender sus tentaciones sexuales y vulnerabilidades. Y el escuchar que responde con empatía y con deseo de satisfacerlo. Este escuchar requiere que hagas a un lado temporalmente tus propias necesidades, deseos y opiniones con el propósito expreso de convertirte en una auténtica amante servicial.

Hablar a este nivel sobre las necesidades sexuales puede ser intimidante para muchas parejas. Puede volver a revivir el dolor de tu pasado y puede ser incómodo. Sin embargo, es un paso vital para poder unirse y no dividirse a través de sus diferencias.

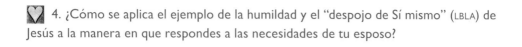 5. Planea un momento cuando tú y tu esposo puedan estar a solas y sin prisas. Dile que quieres entender mejor sus necesidades sexuales. Tal vez hasta quieras escribirle una carta expresándole tu deseo si es más fácil para ti. Durante este tiempo pregúntale lo siguiente:

- ¿Hay algo que crees que yo no entiendo sobre tus necesidades sexuales?
- ¿Podrías decirme una cosa que puedo hacer para ser una mejor amante?

Esto es realmente importante: sea lo que sea que él diga o no diga, solo escucha, no te pongas a la defensiva. No le contestes con diez preguntas más. Solo escucha y agradécele por ser vulnerable. Si él se siente a gusto con esto, oren juntos para que el Señor te ayude a ser una mejor amante para tu esposo.

DÍA 4
¡Tú también tienes necesidades!

Muchas mujeres luchan con el reto de considerar y valorar las necesidades de su esposo. Su inclinación natural es ser egoístas. Otras mujeres se van al otro extremo y no piensan en sí mismas. En otras palabras, toda su existencia y su manera de ver el sexo es para llenar las necesidades de su esposo y pasar por alto las suyas. Aunque esto se escuche muy altruista, ni es saludable ni es la perspectiva bíblica. De hecho, una esposa que no piensa en sus propias necesidades en lo absoluto, creará y mantendrá el egoísmo en su esposo.

Encontrar la unidad en las diferencias no es SOLO entender y complacer a tu esposo. ¡Tus necesidades son importantes también!

♥ 1. Lee Filipenses 2:4 y escríbelo aquí.

_____

_____

_____ ■

♥ 2. ¿Qué dice este pasaje sobre *tus* intereses o necesidades?

_____

_____

_____ ■

Hemos visto muchas esposas resignarse a creer que Dios creó el sexo primordialmente para la satisfacción y el placer de su esposo. Ellas entienden su papel servicial: dar placer en la cama a su esposo. A pesar de que esto forma parte del llamamiento de Dios para la esposa, es solo una parte. Dios creó el sexo para que AMBOS, tanto el esposo como la esposa, lo disfruten plenamente. Conformarse con una vida sexual que solo gira alrededor de uno es alterar el diseño y la intención de Dios.

Yo (Juli) recuerdo aconsejar a una mujer cuyo marido le exigía tener relaciones sexuales tres veces al día, incluyendo una vez durante la noche; y no era algo rápido y en la oscuridad. Él quería luces, espejos y juguetes sexuales. Esta mujer entendía que su papel como esposa piadosa era nunca decirle "no" a su esposo, independientemente de lo cansada que estuviera o lo irracionales que fueran sus peticiones. Al concederle a su esposo una relación sexual tres veces al día, nunca lo ayudó a crecer como amante servicial y sensible.

Algunas mujeres tienen dificultad para aceptar que el deseo sexual es algo bueno para ellas y que lo pueden buscar. Parece ser más piadoso y femenino ser solo una amante servicial, sin permitirse tener sentimientos sexuales. Esto no es bíblico ni saludable para tu matrimonio. Como estás aprendiendo al estudiar el Cantar de los Cantares, Dios te diseñó para buscar el placer sexual y la unidad en tu matrimonio.

En el capítulo 1 hablamos brevemente sobre la necesidad del hombre de sentirse competente y de creer que él es tu héroe. Una parte importante de eso es que él sea tu héroe en la cama. Su propio placer durará poco y será superficial si tú no estás complacida.

Para ser sinceras, las mujeres no siempre entienden su propia sexualidad. Excitarse y experimentar el orgasmo parece ser un misterio alusivo. Ellas no se entienden a sí mismas, así que ¡imposible tratar de explicárselo a sus esposos!

Un gran obstáculo para que muchas mujeres sean una MSS es este: el sexo apasionado requiere abandono. No puedes estar cohibida, reservada o controlada y experimentar una intimidad apasionada. Los grandes amantes encuentran la forma de sumergirse en la experiencia sexual del placer y la pasión. Guarda tu personalidad estructurada y organizada para cuando limpies la casa. Cuando entres a la habitación deja tus inhibiciones en la puerta. Deja tus pensamientos cohibidos en el consultorio del terapeuta. La intimidad sexual es un tiempo para ser libre.

La palabra *inhibir* significa restringir, impedir, prohibir, comprobar. ¿Las mujeres tienen problemas con las inhibiciones? Creemos que la repuesta es "sí". Quieren ser sexualmente libres para deleitar provocativamente al hombre que aman, pero en vez de hacerlo con abandono lo hacen de una manera restringida.

♥ 3. ¿Qué crees que te inhibe para sentirte libre de expresarte sexualmente?

_____

_____

_____ ∎

Muchas mujeres nos preguntan cómo pueden sentir placer en la relación sexual. A continuación algunas de las preguntas más comunes:

"¿Cómo me relajo lo suficiente como para experimentar el orgasmo?"

"¿Cómo puedo dejar de sentirme cohibida durante la relación sexual? Creo que me daría mucha vergüenza si me dejara llevar".

"La mayoría de las veces no puedo mentalizarme para el sexo. Mi esposo puede darse cuenta cuando estoy a cien kilómetros de distancia. ¿Tienen algunas sugerencias?"

Imagínate un camino, una senda, de un lugar a otro. El camino comienza con cosas de la vida diaria y termina en un sorprendente placer sexual. ¿Cómo llegas ahí? Dios ha diseñado a cada mujer, a cada pareja, con una senda al placer sexual. Hay diferentes señales por el camino que tal vez podrás identificar. Algunas de los señales tal vez incluyan lo que piensas o las sensaciones en tu cuerpo. Al ir aprendiendo tu senda única al placer, la intimidad sexual se irá convirtiendo más y más en un regalo bendito. Al ir aprendiendo la senda de tu esposo al placer, te convertirás en una amante experta.

Tu senda al placer sexual incluye tanto tu mente tanto como tu cuerpo. Es más, tu cuerpo probablemente no responda sexualmente si tu mente no participa.

Desafortunadamente muchas mujeres se sienten restringidas en sus pensamientos sexuales. En algún punto de su senda al placer encontraron obstáculos como estos:

"El sexo para mí es sucio y repulsivo. Mi padre abusó de mí sexualmente desde que tengo memoria. Es nauseabundo; me enferma. El sexo es nauseabundo".

"No puedo ser tan vulnerable con mi esposo. No sé confiar en él".

"¿Qué está pensando mi esposo? ¿Me pregunto si nota la celulitis en mis caderas?"

"No estoy de humor para esto esta noche. Tengo demasiadas cosas en la mente".

El estar libre en tu mente significa reemplazar los rótulos de "alto" o "cede el paso" con un enorme "¡SIGA!". Puedes hacer esto concentrándote en tu esposo, tu deseo por él o aun recitando versículos de la MSS. El sexo se hace más íntimo cuando compartes tu búsqueda para conquistar la "senda del placer" con tu esposo.

Tú y tu esposo necesitan trabajar honesta y abiertamente para encontrar formas de darse placer el uno al otro. Queremos que comprendas que entender, valorar y comunicar tus necesidades sexuales a tu esposo es bíblico, amoroso y vital. Y entiende esto: ¡tu esposo *no puede saber lo que quieres o necesitas sexualmente al menos que se lo digas*! Sabemos que suena muy romántico tener un esposo que intuitivamente sabe exactamente dónde y cuándo tocarte. Pero eso no sucede de la nada.

A través del Cantar de los Cantares, vemos a la MSS ser segura de sí misma (no demandante) sobre sus necesidades sexuales y sus sentimientos. Ella le comunicó claramente a su esposo lo que deseaba y lo que le daba placer. Esto preparó el camino para el éxito de su esposo. Escucha cómo usa las imágenes para comunicarle a Salomón que está llena de deseo:

> Sustentadme con tortas de pasas, reanimadme con manzanas, porque estoy enferma de amor. Esté su izquierda bajo mi cabeza y su derecha me abrace. (Cantares 2:5–6 LBLA)

La MSS pide sustento para aliviar su mal de amor: tortas de pasas y manzanas son la cura. Ambos son símbolos de amor erótico. Entonces ella le dice exactamente cómo abrazarla. Que su mano izquierda esté bajo su cabeza para apoyarla y su derecha para abrazarla. La palabra hebrea *habaq*, que se traduce aquí como "abrazar", da el sentido de "acariciar". La Mujer Supersexy es libre con sus palabras; es libre para expresar cómo Salomón la puede complacer sexualmente.

♥ 4. ¿Cómo expresa la MSS su deseo por su esposo en los siguientes versículos?

a. 1:2

_____

_____

_____ ■

b. 3:4

_____

_____

_____ ■

c. 4:16

_____

_____

_____ ■

d. 7:10–8:3

_____

_____

_____ ■

♥ 5. ¿Por qué promueve unidad el que tú comuniques y expreses tus necesidades sexuales a tu esposo?

_____

_____

_____ ■

♥ 6. Busca una manera creativa de comunicarle a tu esposo lo que te produce placer sexual. Aquí hay algunas ideas:

- Escribe un poema describiendo lo que te da placer en el sexo.

- Cada uno escriba tres cosas que realmente disfrutan al hacer el amor y compártanla uno con el otro. Luego escriban una cosa que le añadiría placer. Compartan eso también.

- Durante un momento íntimo con tu esposo, pon su mano sobre la tuya. Deja que tu mano lo guíe sobre tu cuerpo, mostrándole dónde y cómo quieres que te toque.

DÍA 5
El lugar secreto: Escoge el amor servicial

E l tema de la lección de esta semana es que cada diferencia sexual provee la oportunidad para que tú te conviertas en una amante servicial. No aceptarás este mensaje a menos que deposites tu fe en el hecho de que Dios puede unirlos a través de sus diferencias si confían en Él. Al escoger el amor servicial en vez del amor egoísta, estás usando tu poder para construir unidad.

La Biblia _The Message_ [El Mensaje] tiene una hermosa paráfrasis de 1 Corintios 7:3–5 que habla de escoger el amor servicial:

Los deseos sexuales son fuertes, pero el matrimonio es lo suficientemente fuerte como para contenerlos, proveer para una vida sexual equilibrada y satisfecha en un mundo de desorden sexual. El lecho matrimonial debe ser un lugar de reciprocidad:

el esposo buscando complacer a su esposa, la esposa buscando complacer a su esposo. El matrimonio no es un lugar para "pelear por tus derechos". El matrimonio es una decisión de servir al otro, ya sea en la cama o fuera de ella.

¿Entendiste eso? El ser una esposa fiel es una decisión de servir a tu esposo, ya sea en la cama o fuera de ella. ¿Has pensado alguna vez que la fidelidad a tu esposo es una decisión de servirle en la sala y en la habitación?

♥ 1. Pasa tiempo con el Señor personalizando este pasaje de 1 Corintios 7 como una oración a Él. Escribe aquí tu oración.

_____

_____

_____

_____

_____

_____

_____ ▪

♥ 2. Escribe tres formas en que puedes "servir a tu esposo" en la cama esta semana.

_____

_____

_____ ▪

Dios quiere hacer más que solo cambiar tu forma de pensar. Él quiere transformar la forma en que tú y tu esposo actúan el uno con el otro. Confiamos en que te ha enseñado esta semana al menos una forma de usar tus diferencias sexuales para acercarte a tu esposo con amor y unidad.

Comenzamos el estudio de esta semana con una adaptación moderna de la discusión entre la MSS y su marido. Lee el Cantar de los Cantares 5:2–3 y verás que tanto Salomón como la MSS estaban pensando en sus propias necesidades. Vemos que Salomón llegó tarde (después de la medianoche) y quería hacer el amor (versículo 2). Entonces la MSS inventa una excusa porque no es posible hacer el amor a esta hora de la noche (ya estoy lista para acostarme y sería muy difícil volver a vestirme e ir a abrir la puerta, versículo 3). En otras palabras, "Salomón, ¡yo me quiero dormir!". Ahora lee Cantar de los Cantares 5:4–16.

 3. ¿Qué decisión tomó la MSS para ser una amante servicial a través de sus diferencias?

_____

_____

_____ ▪

Tienes que tomar una decisión en cuanto a cómo responderás a las diferencias sexuales entre tú y tu esposo. Puedes quedarte en tu propio rincón refunfuñando cómo tu perspectiva es mejor que la de él. O, como la MSS, puedes ir en busca de los intereses de tu esposo. Las diferencias entre ustedes pueden dividirlos o unirlos, en parte dependiendo de cómo respondes a ellas.

 4. ¿Qué decisión consciente tomarás el día de hoy para actuar en amor servicial hacia tu esposo de acuerdo con lo que el Señor te ha enseñado esta semana? (Sé específica).

_____

_____

_____ ▪

¿Darás un paso hacia la unidad?

¿Pondrás tus necesidades a un lado para derramar amor en tu hombre?

¿Te comprometerás a aprender cómo experimentar y comunicar tu placer sexual?

Dios desea que cada una de nosotras como esposas escojamos el amor servicial. ¡Ojalá que podamos crecer para convertirnos en amantes serviciales!

La búsqueda del placer puro

CAPÍTULO 6

TEMA:
el placer puro se
encuentra cuando
una pareja cristiana
descubre lo que
está bien para ellos
personalmente en
la habitación.

VERSÍCULO LEMA:
"… y donde está el
Espíritu del Señor,
allí hay libertad"
(2 Corintios 3:17).

*No puedo aceptar que Dios quiere que pierda el
control sexualmente con mi esposo. Pareciera algo
malo y mundano. Si me dejara llevar, creo que me
sentiría sucia.*—Clacey

*El sexo es donde Derek y yo conectamos. Nos
gusta intentar cosas nuevas. Pero honestamente, a
veces lucho con la culpabilidad. Nunca sé si lo que
estamos haciendo le parece bien a Dios.*
—Annemarie

Tal vez hayas tenido los pensamientos de Clacey
y de Annemarie. Hemos encuestado a esposas en
varios países, ¿y qué crees? Las esposas de todas partes
quieren saber: "¿Qué es lo que Dios dice que está bien en
la habitación?".

Lo que pasa en la intimidad matrimonial es entre tú
y tu esposo. Mientras que el matrimonio es público, la
relación sexual es privada. Si estás casada, usas un anillo
públicamente para declarar ese hecho. Si eres mujer, tu
nombre mismo te identifica como casada: señora.

La gente observa tu matrimonio, la forma en que se
hablan y la forma que con afecto se tocan. Ven sus miradas
de amor, de dulzura o de desaprobación. Pero nadie ve su
intimidad sexual. Es privada. Solo Dios ve cómo se tocan
íntimamente y escucha los sonidos y suspiros de placer. La
relación sexual es un intercambio de amor sagrado entre
solamente tú y tu esposo.

Solo dentro de los confines sagrados de tu pacto
matrimonial expresas la parte más íntima y vulnerable
de tu ser. Lo que te excita, deleita o embriaga … solo tu
esposo lo sabe. Lo que a él le excita, lo lleva al éxtasis, es
tu tesoro secreto. Solo tú conoces sus fantasías sexuales,
sus luchas, sus necesidades, y solo él conoce las tuyas.
Lo que ambos como amantes hacen en privado lo saben
solamente ustedes.

Los límites íntimos de su relación sexual son lo que hacen al sexo hermoso y vulnerable, y crea un profundo conocimiento *yada*. Sin embargo, debido a que el sexo es tan privado, tal vez tengas preguntas y no sepas dónde expresarlas. ¿Aprueba Dios lo que estás haciendo en privado? ¿Crees que Él sonríe cuando los ve, o esperas que no esté mirando porque no sabes si eso le agradaría?

Por esta razón queremos pasar esta semana preguntando, buscando y explorando las preguntas secretas de tu corazón desde la perspectiva de Dios. Para poder disfrutar todo lo que Dios te ha dado a ti y a tu esposo en el regalo del sexo, tienes que aceptar el diseño de Dios para el placer puro.

En este capítulo vamos a responder cuatro preguntas:

1. ¿Cuáles son los límites en el matrimonio?

2. ¿A qué le dice Dios no?

3. ¿A qué le dice Dios sí?

4. ¿Y si mi esposo y yo no nos podemos poner de acuerdo?

Al comenzar el estudio de esta semana, ¿orarías así pidiéndole a Dios que te dé Su sabiduría?

Señor, ¿cómo sería el placer puro para nosotros? Queremos deleitarnos en el gozo del placer que embriaga, pero también queremos que sea puro. ¿Podrías definir qué es "puro" para mí y para mi esposo? Tal vez lo que es puro para nosotros es diferente para otras parejas cristianas. Pero necesito saber cómo es específicamente en nuestra intimidad. No quiero que las dudas ni la culpabilidad continúen plagando nuestra intimidad. Por favor, muéstranos cómo ser libres para disfrutar del placer puro que nos has dado.

DÍA 1
Los límites de Dios son para tu bien

Durante estas semanas que hemos pasado juntas hemos estudiado muchos aspectos sobre la opinión de Dios sobre el sexo. Un aspecto que todavía no hemos tocado es que Dios nos ha dado lineamientos y límites sobre cómo debemos expresar nuestra sexualidad, aun dentro del santuario del matrimonio.

Si les preguntas a diez mujeres qué piensa Dios acerca del sexo, probablemente escucharías palabras como *restrictivo*, *puritano* y *anticuado*. Las cosas han cambiado mucho en los últimos miles de años. ¿Cómo es que la enseñanza de Dios en un libro antiguo aún se aplica a cómo debemos ver la sexualidad hoy?

Aunque Pablo y Moisés no tuvieron que responder preguntas sobre pornografía en la Internet o juguetes sexuales, la tentación sexual siempre ha sido un problema. La Biblia contiene relatos de violación, abuso sexual, sodomía, incesto y prostitución. Muchos de los proverbios de Salomón hablan sobre qué hacer con nuestros impulsos sexuales.

Antes de entrar en la enseñanza bíblica detallada acerca de lo que está bien en la habitación queremos responder la pregunta: "En primer lugar, ¿por qué nos da Dios lineamientos sexuales?".

A Satanás le gusta pintar a Dios como un "aguafiestas". Así como susurró a Eva en el jardín, él quiere que creas que Dios está tratando de mantener a la gente alejada del placer. Susurra que los cristianos se están perdiendo de toda la diversión. Pero Dios es un Padre amoroso que tiene razones para los límites morales que les ha dado a Sus hijos.

Razón 1: Dios quiere mantenerte alejada del dolor.

Puedes viajar alrededor del mundo y no escucharás comentarios como este:

"¡Me alegra tanto haberme acostado con todos esos hombres antes de casarme! Todas esas relaciones sexuales me prepararon bien para mi matrimonio".

"Me fascina el hecho de que la pornografía forme parte de nuestro matrimonio. ¡Me hace sentir tan segura saber que mi esposo piensa en otras mujeres en medio de nuestra intimidad!"

Por supuesto que no has escuchando tales comentarios absurdos. Acostarse con otros y la pornografía representan dolor y remordimiento. Los límites de Dios están diseñados para mantenernos alejados del dolor. Lo que parece ser restrictivo en realidad trae libertad.

El pecado puede sentirse bien por poco tiempo. Por ejemplo, tener relaciones sexuales en la intensidad del momento con alguien fuera del matrimonio puede ser físicamente placentero. Sin embargo, ese placer con el tiempo se torna amargo y luego se convierte en dolor.

♥ 1. Lee Santiago 1:14–16. ¿Qué dicen estos versículos acerca del dolor posterior que causa el pecado?

_____

_____

_____ ∎

♥ 2. ¿Cómo te han protegido en el pasado los límites que Dios ha puesto? ¿Cómo el violar esos límites ha traído dolor a tu vida?

_____

_____

_____ ∎

Razón 2: Dios quiere que experimentes placer puro.

Dios quiere hacer más que protegerte del dolor. ¡Él ha venido para que tengas vida en abundancia! (Juan 10:10). Dios te hizo una mujer sexual para tu placer y satisfacción. Sus instrucciones existen para que puedas experimentar todo el placer y la intimidad que Él ha diseñado para ti.

Todo el Salmo 19 es acerca de lo maravillosa que es la revelación de Dios. David dice que las instrucciones de Dios son "más dulces que la miel" y "más deseables que el oro". Aunque a primera vista pareciera que los límites que Dios da te quitan la diversión y la felicidad, David aprendió que son preciosos y traen gozo a la vida. Lee lo que él escribió al meditar en las instrucciones de Dios:

Las enseñanzas del Señor son perfectas,
    reavivan el alma.
Los decretos del Señor son confiables,
    hacen sabio al sencillo.
Los mandamientos del Señor son rectos,
    traen alegría al corazón.
Los mandatos del Señor son claros,
    dan buena percepción para vivir.
La reverencia al Señor es pura,
    permanece para siempre.
Las leyes del Señor son verdaderas,
    cada una de ellas es imparcial.
Son más deseables que el oro,
    incluso que el oro más puro.
Son más dulces que la miel,
    incluso que la miel que gotea del panal.
Sirven de advertencia para tu siervo,
    una gran recompensa para quienes las obedecen.
¿Cómo puedo conocer todos los pecados escondidos en mi corazón?
    Límpiame de estas faltas ocultas.
¡Libra a tu siervo de pecar intencionalmente!
    No permitas que estos pecados me controlen.
Entonces estaré libre de culpa
    y seré inocente de grandes pecados.
Que las palabras de mi boca
    y la meditación de mi corazón sean de tu agrado,
oh Señor, mi roca y mi redentor.
    Salmo 19:7–14 (NTV)

¡Hay tanta belleza, verdad y sabiduría en el Salmo 19! Te animamos a que tomes el Salmo completo en tu corazón y que lo hagas parte de ti.

♥ 3. Medita en el Salmo 19:7–11. Anota todo lo que estos versículos dicen acerca de la Palabra de Dios.

_____

_____

_____

♥ 4. ¿Cómo puede todo lo que Dios promete en Su Palabra animarte mientras buscas descubrir el placer puro de Dios para ti en tu intimidad sexual?

_____

_____

_____ ■

♥ 5. ¿En verdad crees que *todas* las instrucciones de Dios son para tu bien y a la larga para tu placer? ¿Por qué sí o por qué no?

_____

_____

_____ ■

♥ 6. Lee el Salmo 19:12–14. Al comenzar tu estudio del placer puro en la habitación, escribe una oración a Dios pidiéndole que revele cualquier pecado en tu mente, corazón o acciones.

_____

_____

_____

_____ ■

♥ 7. Usando el versículo 14 como guía, escribe tu compromiso a Dios agradeciéndole que Él te dirigirá a Su verdad para ti y tu esposo.

_____

_____

_____

_____ ■

Has visto que la Palabra de Dios promete reavivar el alma, dar sabiduría, traer alegría a tu corazón y darte percepción para vivir. ¡Qué promesas! Estás escogiendo llevar el aspecto más íntimo de tu vida bajo la sabiduría de Dios. ¡Tu Padre Celestial se deleita en que busques honrarlo en tu sexualidad!

DÍA 2
¿A qué le dice Dios "no"?

H as visto en el Salmo 19 que la Palabra de Dios es tu guía. Dios ha establecido claramente límites sexuales dentro del matrimonio y estas prohibiciones deben ser honradas por tu propio bien. Pero dentra de estos lineamientos, Dios da ¡tremenda libertad sexual! Para poder entender lo que Dios permite en el matrimonio, primero tenemos que mirar diez cosas a las que Él firmemente ha dicho "no".

Le pedimos al esposo de Linda, quien es un teólogo, que hiciera una lista de las cosas a las cuales Dios dice "no". Aquí están las conclusiones del Dr. Jody Dillow:

1. FORNICACIÓN: La fornicación es una relación sexual inmoral. Viene de la palabra griega *porneia*, que significa "inmundo". Este término amplio incluye las relaciones sexuales fuera del matrimonio (1 Corintios 7:2; 1 Tesalonicenses 4:3), la relación sexual con una madrastra (1 Corintios 5:1), la relación sexual con una prostituta (1 Corintios 6:15) y el adulterio (Mateo 5:32).

2. ADULTERIO: El adulterio, o la relación sexual con alguien que no es tu cónyuge, es un pecado, y en el Antiguo Testamento se castigaba con la muerte (Levítico 20:10). En el Nuevo Testamento, Jesús expandió el adulterio más allá de solo los actos físicos, incluyendo actos emocionales en la mente y en corazón (Mateo 5:28).

3. HOMOSEXUALIDAD: La Biblia es muy clara en el sentido de que Dios detesta que un hombre tenga una relación sexual con otro hombre, o que una mujer tenga una relación sexual con otra mujer (Levítico 18:22; 20:13; Romanos 1:27; 1 Corintios 6:9).

4. IMPUREZA: Hay varias palabras griegas que se traducen como "impureza". Ser "impuro" (del griego *molyno*) puede significar perder la virginidad[i] o contaminarse debido a una vida secular y pagana (2 Corintios 7:1; 1 Corintios 6:9). La palabra griega *rupos* muchas veces se refiere a impureza moral en general (Apocalipsis 22:11).

5. ORGIAS: Que una pareja casada tenga relaciones sexuales en orgías con diferentes parejas es obviamente una violación de (1), (2) y (4).

6. PROSTITUCIÓN: La prostitución, lo cual es pagar para tener relaciones sexuales, es moralmente incorrecto y condenado en las Escrituras (Levítico 19:29; Deuteronomio 23:17; Proverbios 7:4–27).

7. PASIÓN LUJURIOSA: Primero, déjame decirte lo que esto no significa. La pasión lujuriosa no se refiere al poderoso deseo sexual dado por Dios del uno para el otro entre un hombre casado y su mujer. Se refiere a un deseo sexual indiscriminado y desenfrenado por un hombre o una mujer que no sean su pareja matrimonial (Marcos 7:21–22; Efesios 4:19).

8. SODOMÍA: En el Antiguo Testamento, sodomía se refiere a hombres que se acostaban con hombres.[2] La palabra en español significa relaciones sexuales entre hombres o relaciones sexuales con animales.[3] Desafortunadamente, algunos maestros cristianos han igualado erróneamente la sodomía con las relaciones sexuales orales. Esa no es la forma en que el término se utiliza en la Biblia. Los sodomitas en la Biblia eran hombres homosexuales[4] o prostitutos(as) del templo.[5]

9. OBSCENIDAD Y BROMAS VULGARES: En Efesios 4:29 Pablo dice: "No salga de vuestra boca ninguna palabra mala…" (LBLA). La palabra griega es muy descriptiva y literal y significa podrido y decadente. En Efesios 5:4, la Biblia nos advierte a evitar "necedades" y "groserías". Todos hemos estado alrededor de gente que puede ver una connotación sexual en cualquier frase inocente y comienza a reírse o burlarse. Eso está mal. Sin embargo, eso no descarta el humor sexual en la intimidad del matrimonio, sino solamente los comentarios sexuales inapropiados en público.

10. INCESTO: El incesto, o la relación sexual con miembros de la familia o familiares, está específicamente prohibido en las Escrituras (Levítico 18:7–18; 20:11–21).

Estas son las diez cosas que Dios prohíbe.

La opinión de Dios acerca de lo que está bien en la habitación no es un juego de azar. Él quiere que tengamos la plena confianza de que podemos agradarle con nuestras acciones y disfrutar del placer de tener intimidad con nuestro esposo. Así que, ¿por qué las esposas cristianas pasan décadas sin la certeza de saber qué es lo que Dios piensa acerca de ciertos actos sexuales? ¿De dónde viene esta confusión?

Fuera de las cosas mencionadas anteriormente, hay libertad. ¿Qué significa eso? Significa que no hay listas ni reglas acerca de muchas de las cosas que tú y tu marido quieren hacer sexualmente. Significa que tú tienes que averiguar cómo honrar a Dios con tu libertad. Sería bueno si Dios hiciera una lista en Su Palabra de cada acto sexual posible y le pusiera al lado un sí o no.

Juguetes sexuales: ☐ Sí ☐ No   Relaciones sexuales orales: ☐ Sí ☐ No

Autocomplacencia: ☐ Sí ☐ No

¡No existe tal lista! Dios quiere que lo busques, que hables y ores con tu esposo y que le pidas a Dios Su sabiduría.

♥ 1. ¿Por qué crees que muchas mujeres preferirían tener una lista de lo que pueden o no pueden hacer sexualmente en vez de tener que lidiar con su libertad?

_____

_____

_____ ∎

♥ 2. ¿Cómo te sientes acerca de no tener una lista de lo que puedes o no puedes hacer en la habitación?

_____

_____

_____ ▪

La Biblia es clara en el sentido de que la libertad que Dios nos da sexualmente (y en otras áreas) no es una licencia para hacer lo que queramos.

♥ 3. Busca 1 Pedro 2:16 y escríbelo en tus propias palabras.

_____

_____

_____ ▪

Los cristianos han luchado con la manera de usar su libertad desde que aprendieron acerca de ella. En la iglesia primitiva, la gente preguntaba cosas como si estaba bien comer carne que había sido sacrificada a los ídolos, o si debían participar en los días festivos paganos. Nosotros no tenemos estas mismas preguntas, pero las respuestas de Pablo a los primeros cristianos sobre sus problemas pueden ayudarnos a descubrir cómo quiere Dios que veamos nuestra libertad en la habitación.

♥ 4. Lee 1 Corintios 10:23–32. ¿Qué principios ves en estos versículos que te enseñan a usar la libertad que Dios te ha dado? (Nosotras vemos por lo menos 5).

_____

_____

_____ ▪

♥ 5. ¿Cómo podrían cada uno de estos principios aplicarse a las preguntas sobre la habitación que tienen las parejas cristianas?

_____

_____

_____ ▪

Esperamos que al estudiar la Palabra de Dios entiendas con mayor claridad cómo Dios ve las diferentes expresiones de la sexualidad. A través de tu estudio puedes descubrir que tú (y tal vez tu esposo) están haciendo cosas a las que Dios dice "no". ¡Si es así, confiésalas ante el Señor y pídele Su sabiduría para buscar el placer puro!

DÍA 3
¿A qué le dice Dios "sí"?

(Juli)

El otro día, uno de los amigos de mi hijo de nueve años lo invitó a ir a su casa. Cuando lo fui a dejar le dije unas cuantas cosas: "Quiero que te diviertas. Pero recuerda usar tus modales y ser agradecido". Con esas pocas instrucciones, le dije a mi hijo que el propósito de su visita era que se divirtiera. Mi hijo ha pasado suficiente tiempo bajo mi crianza como para saber lo que significa "usa tus modales y sé agradecido". No tuve que deletrearle exactamente cómo responder ante cientos de posibles situaciones, como el que le sirvieran algo que no le gusta de comer, o que la hermanita de su amigo se burlara de él. Las instrucciones que le di fueron suficientes para que él usara su propio criterio.

Este ejemplo es similar a lo que tú encuentras en la habitación. El deseo primordial de Dios para tu sexualidad es que tú experimentes gran placer y profundo *yada* en tu matrimonio. Dios le dice sí a una vida sexual emocionante y satisfecha. Él te ha dado a ti y a tu esposo algunos lineamientos, pero también espera que tú apliques estos principios a las situaciones específicas de tu matrimonio.

Ya tienes una lista de las diez cosas que Dios prohíbe. También has comenzado a estudiar algunos principios sobre cómo usar tu libertad sexual en la privacidad de tu intimidad carnal. Pero necesitas sabiduría para entender cómo llevar a cabo esto en tu habitación.

 1. Lee 1 Corintios 6:12 y escríbelo en tus propias palabras.

_____

_____

_____ ▪

Ahora busca este versículo en otras versiones:

Ustedes dicen: "Se me permite hacer cualquier cosa", pero no todo les conviene. Y aunque "se me permite hacer cualquier cosa", no debo volverme esclavo de nada (NTV).

Todo me es permisible (admisible y lícito); pero no todas las cosas me son de ayuda (buenas para mí, apropiadas y provechosas cuando las considero con otras cosas). Todo es lícito para mí, pero no me haré esclavo de ninguna ni me dejaré someter a ellas (AMP).

Se dice: "Yo soy libre de hacer lo que quiera." Es cierto, pero no todo conviene. Sí, yo soy libre de hacer lo que quiera, pero no debo dejar que nada me domine (DHH).

"Todo me está permitido", pero no todo es para mi bien (NVI).

¿Ves la libertad que Dios te da para decidir lo que es bueno, amoroso y beneficioso para ti y tu esposo? ¡Tienes una asombrosa libertad! Muchas preguntas acerca de los actos sexuales se decidirán entre tú y tu esposo como pareja. Dios en su gracia te da a *ti* la libertad de determinar los lineamentos de qué es amoroso y beneficioso en tu intimidad con tu esposo.

Ahora vamos a aplicar estos versículos a tus preguntas personales: "¿Qué está bien para mí y mi esposo?". Tal vez te preguntes acerca de las siguientes cosas:

"¿Está bien que mi esposo y yo nos grabemos haciendo el amor para que lo veamos solamente nosotros?"

"¿Es mala la relación sexual anal?"

"A mi esposo y a mi nos gusta fingir diferentes roles durante el sexo. ¿Está mal eso?"

"Yo sola me estimulo usando un vibrador, pero siempre me siento culpable. ¿Eso es malo?"

Queremos darte tres preguntas basadas en las Escrituras que puedes hacer acerca de cualquier acto sexual que tú y tu esposo están considerando. Creemos que esta guía te ayudará a descubrir la sabiduría de Dios para ti.

¿DICE DIOS "NO"? Ve tu lista en las páginas 101–102 y pídele al Señor que te enseñe si los actos sexuales entran dentro de las prohibiciones. Si no es así, suponemos que está permitido. "Todas las cosas me son lícitas" (1 Corintios 6:12, RV–1995).

¿ES BUENO PARA NOSOTROS? ¿Esta práctica en alguna manera me hace daño a mí o le hace daño a mi esposo o dificulta nuestra relación sexual? ¿Causa dolor emocional o físico a alguno de los dos? ¿Podría hacer que alguien tropezara en su caminar con el Señor? Si es así, no es para ustedes. "Todas las cosas me son lícitas, pero no todas convienen…" (1 Corintios 6:12, RV–1995).

¿SOMOS SOLO NOSOTROS? Hebreos 13:4 dice: "Sea el matrimonio honroso en todos, y el lecho matrimonial sin deshonra …" (NBLH).

El lecho matrimonial debe ser puro. Esto significa que nunca es aceptable involucrar a nadie más en la intimidad sexual, incluyendo imágenes, películas, fantasías y ni siquiera novelas románticas sexualmente explícitas. La presencia real o imaginada de alguien más mancha y altera el diseño de Dios para la intimidad. Así es que no traigas a nadie más a tu mente, a tu corazón, en un DVD, en una computadora ni en un pedazo de papel en la intimidad con tu esposo.

¡Ahora es tu turno de aplicar estas tres preguntas!

♥ 2. Suponte que una amiga cercana te hace esta pregunta: "Mi esposo quiere grabarnos haciendo el amor. Él piensa que sería muy excitante que lo viéramos juntos. Por supuesto, nadie más lo vería". ¿Cómo le ayudas con su pregunta?

PRIMERO, PREGUNTA: *¿Dice Dios "no"?* (consulta la lista en las páginas 101–102).

Escribe lo que descubres aquí.

_____

_____

_____ ■

SEGUNDO, PREGUNTA: *¿Es bueno para nosotros?* "Todas las cosas me son lícitas, pero no todas convienen …" (1 Corintios 6:12, RV–1995).

Escribe tus pensamientos aquí.

_____

_____

_____ ∎

TERCERO, PREGUNTA: *¿Somos solo nosotros?*

Escribe tus pensamientos aquí.

_____

_____

_____ ∎

💙 3. Una segunda amiga te pregunta: "¿Crees que es malo usar juguetes sexuales?".
PRIMERO, PREGUNTA: *¿Dice Dios "no"?*

Escribe tus pensamientos aquí.

_____

_____

_____ ∎

SEGUNDO, PREGUNTA: *¿Es bueno para nosotros?* "Todas las cosas me son lícitas, pero no todas convienen…" (1 Corintios 6:12, RV–1995).

Escribe tus pensamientos aquí.

_____

_____

_____ ∎

TERCERO, PREGUNTA: *¿Somos solo nosotros?*

Escribe tus pensamientos aquí.

_____

_____

_____ ∎

Nos gustan los consejos que da el Dr. Lewis Smedes: "La palabra cristiana acerca de tratar prácticas sexuales que no están prohibidas en la Escritura es 'Pruébalo. Si te gusta, es moralmente bueno para ti. Y hasta podría ser que al proporcionarse un nuevo deleite el uno al otro estén aventurándose a expresiones más profundas de su amor'".[6]

Dios da increíble libertad y te pide que busques Su sabiduría. A veces un acto sexual parecerá beneficioso en una situación pero no en otra. Una gran ilustración de esto es autocomplacerse. Muchas veces nos preguntan si es permisible para un esposo o una esposa masturbarse. La respuesta es diferente dependiendo de la situación.

Sara y Greg se encuentran en mundos separados en lo que a su relación sexual respecta. La intimidad en su matrimonio ha estado marcada por conflicto, rechazo y dolor. Al paso de los años han aprendido que es más fácil satisfacer sus propias necesidades. Sara se autocomplace mientras lee una buena novela romántica que la traslada a un lugar lejano donde ella se puede imaginar ser amada y anhelada. Greg ha decidido canalizar sus necesidades sexuales masturbándose regularmente.

Dana y Garrett también han experimentado algo de frustración al lidiar con sus diferencias en la habitación. Sin embargo, están aprendiendo a comunicarse y a ser un equipo. Garrett está en las fuerzas armadas y lo han trasladado lejos por varios meses a la vez. Dana y Garrett reconocen la tentación que su ausencia crea para ambos, particularmente para Garrett, quien muchas veces se ve expuesto a la pornografía y a oportunidades de ir a clubes nocturnos. Juntos, han decidido autocomplacerse mientras están separados pensando en momentos en los que han tenido intimidad.

♥ 4. Ambas parejas están autocomplaciéndose, pero por diferentes razones. ¿Por qué Sara y Greg tal vez estén haciendo algo que no complace a Dios, mientras que Dana y Garrett están usando su libertad apropiadamente?

_____

_____

_____ ∎

♥ 5. Dados los ejemplo de ambas parejas, ¿por qué es tan importante ver más allá de las acciones a las intenciones cuando usando nuestra libertad?

_____

_____

_____ ∎

Hay algunos ángulos más cuando se trata de decidir si tú y tu esposo son libres de participar en cierto acto sexual. Como viste en 1 Corintios 6:12, Pablo dice que "aunque 'se me permite hacer cualquier cosa,' no debo volverme esclavo de nada'' (NTV). ¿Cómo se aplica esto a la intimidad matrimonial? La situación de Amy tal vez nos ilumine un poco:

> *Casi siempre estoy dispuesta a tratar cosas nuevas en nuestra relación sexual. Pero Stan siempre quiere llegar un poquito más lejos. Al principio eran nuevas posiciones. Luego era tener relaciones sexuales en nuevos lugares. Últimamente, Stan ha estado trayendo a la casa juguetes sexuales y libros acerca de cosas nuevas que podemos probar. Lo que lo satisfacía el mes pasado ya no lo hace. No puede ni siquiera excitarse sin que hagamos algo nuevo, y en mi opinión, de mal gusto. Nada de lo que ha sugerido es inmoral, por decirlo así, pero a mí me gustaría simplemente poder disfrutar de una "relación sexual normal" sin siempre necesitar algo nuevo.*

Lo que describe Amy en su matrimonio es un ejemplo de cómo algo que ella y su esposo tienen la libertad de hacer puede resultar algo que los domine o que se vuelva adictivo. Aunque tratar nuevas cosas en la habitación está bien, querer llegar más lejos constantemente es preocupante.

Relacionado a esto está la pregunta acerca de actividad sexual que involucra esclavitud o sadomasoquismo. Cada vez más mujeres nos hacen esta pregunta debido al uso de esto en novelas románticas eróticas. En primer lugar, queremos ser claras acerca de qué son estas actividades y qué no son.

Tal vez tu esposo quiere atarte las manos y taparte los ojos con el fin de elevar tus sensaciones durante el juego sexual. Tal vez tu relacion sexual en momentos se vuelve más intensa y le desgarras los botones a la camisa de tu esposo en el calor de la pasión. No consideramos estos ejemplos esclavitud y sadomasoquismo, sino un juego sexual sano entre un esposo y una esposa.

Esclavitud y sadomasoquismo involucra algún grado de humillación o daño con el propósito del placer sexual. Recuerda a qué Dios le dice ''sí'': cosas que son amorosas y beneficiosas para ambos. El afligir dolor o humillación a tu cónyuge, aun cuando sea sexualmente excitante, no es amoroso ni beneficioso.

DÍA 4
¿Y si mi esposo y yo no podemos ponernos de acuerdo?

Mi esposo tiene un espíritu aventurero en nuestra relación sexual. A él le gusta tener relaciones sexuales conmigo en muchos lugares diferentes, como estacionados en un estacionamiento público, un baño en un restaurante que se puede cerrar con llave, en el bosque, en la playa de noche y sí, también en un avión. Por lo general cedo a esas aventuras. Afortunadamente, nunca nos han encontrado "con las manos en la masa", pero siempre me siento incómoda. ¿Debo seguir accediendo a sus peticiones aventureras? —Carrie

Tu situación particular pueda ser diferente a la de Carrie, pero ¿cómo respondes cuando tú y tu esposo están en desacuerdo acerca de qué está bien disfrutar?

Paso 1: Decide si es una situación de grado de comodidad o de conciencia.

Hay una gran diferencia entre violar tu conciencia ("yo creo que está mal") e ir más allá de tu grado de comodidad ("no estoy segura que me gusta esto"). No transigimos en cuestiones de conciencia, pero necesitamos ser consideradas cuando algo simplemente es incómodo.

El principio de cómo usamos nuestra libertad cristiana para glorificar a Dios y amarnos el uno al otro aplica no solo al dictar lo que no hacemos, sino también lo que escogemos hacer. Hay algunas cosas que no serán cómodas o inmediatamente placenteras para ti, pero escoges hacerlas porque son amorosas y sacrificiales para satisfacer a tu esposo. Estás buscando pensar no solo en tus propios intereses, sino en los de tu esposo y lo que a él le agrada.

DE CERCA CON *Linda*

♥ 1. Pasaste mucho tiempo la semana pasada estudiando Filipenses 2:3–4. A manera de repaso, escríbelos aquí. ¿Cómo se aplican estos versículos cuando tú y tu esposo no están de acuerdo en una práctica sexual?

_____

_____

_____

_____

_____

_____

_____

_____

_____

_____ ∎

He aquí una historia acerca de cómo fui más allá de mi grado de comodidad. Lo recuerdo como si fuera ayer ... Durante el primer año de matrimonio, Jody me dijo: "Linda, quiero que me digas en detalle todo lo que vas a hacer para darme placer, y quiero que me digas en detalle todo lo que tú quieres que yo te haga para darte placer".
Le dije: "en detalle". Sentía vergüenza; no quería hacer lo que me estaba pidiendo. ¿Qué palabras podía usar? ¿Cómo podía decir tales cosas en voz alta? Recuerdo pensar: *Está bien, Linda, puedes decir que te da vergüenza y decirle 'no puedo hacerlo', o puedes tragarte tu vergüenza y deleitar a tu esposo haciendo lo que él te pidió.* Y sí, al principio fue difícil y estoy segura de que me sonrojé, pero la segunda vez fue más fácil. Ahora sonrío agradecida porque superé el primer obstáculo y muchos otros para convertirme en la amante de sus sueños.

♥ 2. Lee I Corintios 13:4–8a. ¿Cómo se aplica este pasaje hermoso sobre el amor incondicional cuando tú y tu esposo no están de acuerdo acerca de un acto sexual?

_____

_____

_____ ■

Violar tu conciencia es más que ir más allá de tu grado de comodidad. Es la convicción de que algo es moralmente incorrecto.

♥ 3. ¿Qué dice I Corintios 10:23–32 acerca de cómo participa tu conciencia al usar tu libertad cristiana?

_____

_____

_____ ■

♥ 4. Escribe un párrafo describiendo la diferencia entre violar tu conciencia en la habitación e ir más allá de tu grado de comodidad.

_____

_____

_____ ■

Paso 2: Comunica tus sentimientos a tu esposo.

Los desacuerdos acerca de qué hacer en la habitación se tornan más explosivos porque la mayoría de las parejas no saben cómo comunicar sus sentimientos. ¿Te ha pasado alguna vez?

Mientras hacen el amor, tu esposo dice o sugiere algo que no quieres hacer. No estás segura de cómo responder, así es que te paralizas. Tal vez frustrada dices: "¡Para! No quiero hacer eso". La pasión se enfría inmediatamente y el tema nunca se vuelve a tocar hasta la próxima vez que lo intenta.

HABLA

Por incómodo que sea, tú y tu esposo nunca podrán entenderse y honrarse el uno al otro sexualmente a menos que se comuniquen el por qué quieren o no hacer algo. ¡Estas conversaciones necesitan suceder durante momentos íntimos, no durante su intimidad sexual!

Ya que encontrar las palabras adecuadas puede ser difícil, he aquí una sugerencia de lo que le puedes decir o escribir a tu esposo cuando no puedan ponerse de acuerdo.

Amor, primero quiero que sepas que estoy completamente a favor de nuestra intimidad y quiero crecer para convertirme en la amante que tú quieres y necesitas. Nuestra intimidad es especial para mí. Sin embargo, te tengo que decir que este acto sexual (nómbralo)_____ sobre el cual hemos estado discutiendo, no lo puedo hacer. (Aclara si es porque crees que está en la lista de "lo que no está bien" o si simplemente no te sientes cómoda con ello). Podemos hablar acerca de algo nuevo y emocionante en que ambos estemos de acuerdo porque en verdad quiero agradarte.

Paso 3: Tomen una decisión juntos basados en lo que es amoroso.

Kendra había sufrido por años abuso sexual de parte de un tío cuando era una niña. El abuso siempre involucraba sexo oral. Cuando se casó con Tom, un hombre maravilloso, no podía participar en el sexo oral con él. El solo pensar en un pene en su boca le traía sentimientos inmediatos de repulsión y vergüenza. Tom se sentía rechazado cada vez que le pedía a Kendra esto y ella se negaba. Con el tiempo, Kendra fue capaz de comunicarle a Tom cómo el sexo oral le traía terribles recuerdos y sensaciones.

Para Kendra, el sexo oral con su esposo no era solo ir más allá de su comodidad. Le traía el trauma del pasado y la hacía sentir insegura en su intimidad. Aunque la pareja era "libre" de disfrutar de este acto sexual, no sería amoroso que Tom insistiera en ello.

Una vez que Tom entendió el pasado de su esposa, amorosamente le dijo: "Nunca te pediré que hagas algo que te cause dolor de esa manera. Encontraremos otras formas de disfrutar el uno del otro".

♥ 5. Lee I Corintios 10:24 y escríbelo aquí. ¿Cómo puede este versículo ser una guía para ti y tu esposo cuando no están de acuerdo acerca de asuntos sexuales?

_____

_____

_____

_____ ∎

♥ 6. Si has estado preguntándote si algunas cosas son correctas en la sexualidad en tu matrimonio, ¿cómo puedes usar lo que has aprendido para experimentar la libertad que Dios te ha dado a ti y a tu esposo?

_____

_____

_____ ∎

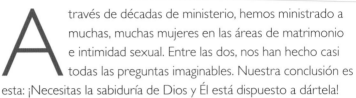

DÍA 5
El lugar secreto: sabiduría

A través de décadas de ministerio, hemos ministrado a muchas, muchas mujeres en las áreas de matrimonio e intimidad sexual. Entre las dos, nos han hecho casi todas las preguntas imaginables. Nuestra conclusión es esta: ¡Necesitas la sabiduría de Dios y Él está dispuesto a dártela!

Amiga, tu matrimonio es único. No existe otra pareja en el mundo que tenga las mismas necesidades, dificultades, historial, personalidad y preguntas que tú y tu hombre. Los principios que estudiaste esta semana son el lugar donde comienza la sabiduría. Pero también necesitas la ayuda de Dios para aplicar esos principios a tu trayectoria única hacia el placer puro.

Tu Dios es un Dios de sabiduría. La palabra hebrea para sabiduría en el Antiguo Testamento es *hokmah*. Significa "el uso de sabiduría de manera práctica y efectiva" (Biblia de estudio Ryrie, nota sobre Proverbios 1:2). Esta interesante palabra hebrea habla acerca de tener habilidades. Es la palabra utilizada en Éxodo 35 acerca de la mujer que hace hermosas telas y tapices para el tabernáculo.

Y todas las mujeres hábiles hilaron con sus manos … y todas las mujeres cuyo corazón las llenó de habilidad, hilaron pelo de cabra (Éxodo 35:25–26, LBLA).

Cuando vemos el significado de la palabra hebrea para sabiduría, una interpretación fiel sería:

La sabiduría es tomar el conocimiento que tienes acerca de Dios y aplicarlo de una manera hábil para que vivas la vida como algo bello.

Esto se aplica a tu matrimonio: respetando a tu esposo es aplicar la sabiduría de Dios en una manera hábil para que tu matrimonio se convierta en algo bello.

Esto se aplica en tu intimidad sexual: esta semana Dios te ha dado sabiduría acerca de Sus límites y Su libertad en la habitación. Él desea que tú tomes este conocimiento y lo apliques de maneras hábiles para que tu relación sexual sea algo bello.

"Porque el Señor da sabiduría … discernirás justicia y juicio, equidad y todo buen sendero; porque la sabiduría entrará en tu corazón, y el conocimiento será grato a tu alma". (Proverbios 2:6, 9–10, LBLA)

 1. Escribe un párrafo describiendo cómo estos versículos de Proverbios se aplican a tu relación íntima con tu esposo.

_____

_____

_____

_____

_____

_____

_____ ∎

La sabiduría también tiene una cualidad moral. Ciertamente es posible ser hábil e inmoral. La habilidad sin la moralidad es necedad.

♥ 2. Lee Proverbios 1:7 y el Salmo 36:1–4. ¿Qué te enseñan estos versículos acerca de la sabiduría de seguir los lineamientos de Dios?

_____

_____

_____ ∎

¡La sabiduría es esencial para ti mientras luchas por alcanzar el placer puro en tu matrimonio! Necesitas la ayuda de Dios para saber cómo responder en esos momentos tensos, cuándo decir sí y cuándo decir no. La buena nueva es que la sabiduría de Dios está a tu alcance. ¿Sabes cuánto le alegra a tu Padre Celestial que clames a Él pidiéndole sabiduría?

♥ 3. Lee Santiago 1:5 y parafraséalo aquí aplicándolo a tu intimidad sexual.

_____

_____

_____ ∎

♥ 4. Si existe un área especial donde necesites sabiduría, ponte de rodillas y derrámale tu corazón, sabiendo que Dios es el único que sabe el camino que debes seguir. Lee el Salmo 139:23–24.

_____

_____

_____

_____

_____

_____

_____

_____ ▪

 5. Toma diez o quince minutos y vuelve a leer las lecciones de esta semana dándole gracias a Dios por todo lo que has aprendido. Dale gracias por tu nuevo entendimiento de lo que se prohíbe y se permite en tu intimidad. Dale las gracias porque Él anhela darte sabiduría para cada pregunta en tu corazón. Escribe una oración de gratitud a Dios en este espacio.

_____

_____

_____

_____

_____

_____

_____

_____

_____ ▪

Y mientras escribes tu carta de gratitud a Dios, quisiéramos orar por ti.

Dios Creador, Señor creativo, gracias porque Tú prometes darle a tu hija la habilidad para vivir. Tú lo llamas sabiduría. Señor, ella necesita Tu sabiduría en cada área de su vida. Hoy, te pedimos que le enseñes cómo tomar la sabiduría que ella tiene acerca de la intimidad sexual, el entendimiento de lo que Tú apruebas y lo que no apruebas, y que le enseñes cómo amar a su esposo hábilmente. Que viva bajo la protección de Tu santidad en esta área privada de intimidad sexual para que pueda ser algo bello.

ORA CON NOSOTRAS

La intimidad falsa

CAPÍTULO 7

TEMA:

tanto la tentación como la fortaleza de Dios para enfrentarse a ella, son garantías.

VERSÍCULO LEMA:

No os ha sobrevenido ninguna prueba que no sea humana; pero fiel es Dios, que no os dejará ser probados más de lo que podéis resistir, sino que dará también juntamente con la prueba la salida, para que podáis soportarla ...

(1 Corintios 10:13, RV—1995)

Te vamos a presentar a Kathy, una mujer cristiana muy comprometida que tenía un dilema. Ella y su esposo, Rob, habían estado casados por veintiuno años en un matrimonio en el cual la pasión se desvanecía y no tenían intereses en común. En el trascurso de este año, Kathy conoció a Keith, el hombre de sus sueños. Ellos compartían su amor a Dios, al ministerio y a la vida. Mientras hablaban de estas cosas descubrieron que sentían una fuerte atracción que se contrastaba con cada uno de sus matrimonios inánimes.

Yo creo que Dios trajo a Keith a mi vida porque Él sabe lo sola y desgraciada que me siento con Rob. Keith y yo oramos y leemos la Biblia juntos. En cierto modo, sé que este amorío está mal, pero también creo que viene de Dios. ¡Él quiere que estemos juntos! Nunca me había sentido tan feliz y satisfecha. Podemos servir a Dios más eficazmente juntos que separados.

Si tu cabeza está girando por las contradicciones en la manera de pensar de Kathy, no estás sola. ¿Cómo pueden estos seguidores de Cristo estar leyendo la Biblia, orando y sirviendo juntos al mismo tiempo que tienen un amorío adúltero?

¿Se saltaron Kathy y Keith ciertos pasajes de la Biblia? ¿Escondieron sus votos matrimoniales en "el olvido"? ¿Se olvidaron acerca del respeto de sus hijos? ¿Cómo se convencieron a sí mismos de que Dios era parte de su pecado? Lo que les pasó a Kathy y a Keith puede muy fácil y rápidamente pasarte a ti o a mí. Tal vez estés diciendo: "De ninguna manera, eso no me podría pasar a mí. Yo no podría estar tan engañada".

Nadie se propone caer en tentación y engaño. Sin embargo, cada hombre y mujer algún día, de alguna manera, experimentarán la poderosa tentación de ser infieles emocional o sexualmente en su matrimonio. Si piensas que nunca te podría suceder a ti, considera esta advertencia de Oswald Chambers: "Una fuerza desprevenida es una doble debilidad".[1] Jesús te advirtió que la carne es muy débil:

> Velad y orad para que no entréis en tentación; el espíritu está dispuesto, pero la carne es débil (Mateo 26:41, LBLA).

Cada tentación sexual está arraigada en los anhelos profundos de tu corazón de ser amada y conocida. ¡Fuiste creada para un profundo conocimiento *yada*! Dios ha provisto para que cada una de nosotras experimentemos *yada* a través de la unidad y la intimidad con Dios por medio de Jesucristo y la comunión con Su Espíritu Santo. Y sí, también podemos experimentar el profundo conocer *yada* a través de la expresión sexual en el matrimonio.

Satanás toma el deseo santo de *yada* y nos presenta atajos, falsedades que aparentan saciar los deseos de nuestro corazón, pero al final acaban en dolor, rechazo y vergüenza. Cada una de nosotras, casadas o solteras, es vulnerable a esta intimidad falsa. Los amoríos emocionales, las fantasías acerca del "hombre perfecto" que nos arrebatan, charlas sexuales en la Internet y pornografía son algunas de las maneras en que los hombres y las mujeres caen en las trampas de la intimidad falsa.

El versículo lema de esta semana te recuerda tres cosas que debes tener en mente mientras ves las tentaciones de la intimidad falsa.

1. El ser tentada es parte de la condición humana normal. Jesús fue tentado. Prepárate porque tú también lo serás.

2. Dios es fiel para darte fuerzas para resistir y encontrar una salida de escape ante la tentación.

3. Dios proveerá las fuerzas y una salida de escape, *pero tú tienes que escogerla*.

DÍA 1
La anatomía de la tentación

Hace algunos años atraparon a un equipo de fútbol americano muy conocido haciendo trampa. Los Patriotas de Nueva Inglaterra estaban filmando las señales defensivas de sus oponentes para conocer el plan de juego del equipo enemigo antes de que comenzara el partido. Si su oponente planeaba defenderse contra una jugada, los Patriotas tomaban ventaja al pasar el balón. Al conocer la estrategia del enemigo podían ganar el juego.

Lo que hicieron los Patriotas no fue ético, ya que los equipos deportivos no deben tener una ventaja injusta. Sin embargo, las mismas reglas no se aplican al enfrentar a nuestro enemigo. Nosotros no estamos jugando un partido. Estamos en guerra.

Dios nos ha dado un vistazo del libro de jugadas del enemigo. En Su Palabra tenemos muchas historias y pasajes que nos dicen cómo nuestro enemigo tratará de seducirnos al pecado. Hoy queremos ver un pasaje en particular que delinea precisamente cómo caemos en tentación.

Cuando sean tentados, acuérdense de no decir: "Dios me está tentando". Dios nunca es tentado a hacer el mal y jamás tienta a nadie. La tentación viene de nuestros propios deseos, los cuales nos seducen y nos arrastran. De esos deseos nacen los actos pecaminosos, y el pecado, cuando se deja crecer, da a luz la muerte (Santiago 1:13–15, NTV).

♥ 1. Santiago 1:13–15 es un pasaje importante. ¡Te animamos a memorizarlo! Puedes usar tu propia traducción de la Biblia o la Nueva Traducción Viviente que incluimos anteriormente. ¡Cimienta estos dos versículos en tu mente! Hazlos parte de ti. Parafraséalos aquí.

_____

_____

_____ ▪

En estos versículos vemos el lento descenso a la tentación. Así es que vamos a analizar el pasaje para ver la progresión paso a paso.

Paso 1: Tentación

Paso 2: Contemplación

Paso 3: Activación

Paso 4: Muerte

El primer paso es la tentación, que resulta de tus deseos.

Santiago dice que el primer paso en la tentación comienza con los **malos deseos** que tenemos en nuestro corazón. La tentación no comienza con Dios, ni siquiera con Satanás, sino en nuestro *propio* corazón.

¿Qué malos deseos podrían llevarnos a la tentación sexual? He aquí algunos para considerar:

Orgullo: "Merezco más que este matrimonio".

Codicia: "Desearía que mi esposo me tratara así".

Lujuria: "No es tan malo dejar que mi mente piense en esas cosas. No lo estoy poniendo en práctica".

Amargura: "¿Por qué debería satisfacer sus necesidades? ¿Cuándo fue la última vez que él hizo algo por mí?"

A veces la tentación comienza con el deseo de encontrar un "atajo" para experimentar placer sexual o una conexión profunda.

¿Qué harías si estuvieras corriendo una carrera de diez kilómetros, te sintieras exhausta y vieras un pasaje secreto que eliminaría una parte significativa de la distancia sin que nadie lo supiera? ¿Estarías tentada a tomar el "atajo"?

Hay muchos "atajos" a los placeres sexuales o sentimientos de "amor". En vez de invertir la energía mental y física en la búsqueda del verdadero placer, te pones a ver una escena candente de alguna película o de alguna novela romántica. Tal vez pienses en alguien que no es tu esposo. Así es como algunas mujeres describen sus frustraciones con los "atajos":

"Lo detesto, en verdad lo detesto. Estoy haciendo el amor con mi esposo y una imagen de mis días antes de Cristo invade mi mente. Es erótica y me excita, y no quiero que esa antigua imagen me excite. Quiero estar totalmente presente y excitada con mi esposo".

"No puedo tener sentimientos románticos y eróticos acerca de mi esposo fácilmente. Ha engordado mucho y ya no es sexy para mí. Es mucho más fácil para mí imaginarme haciendo el amor con un extraño. Así puedo excitarme casi inmediatamente".

El segundo paso de la tentación es la contemplación. "La tentación viene de nuestros propios deseos, los cuales nos seducen y nos arrastran" (Santiago 1:14, NTV).

Lo que comenzó como una semilla en tu corazón de desear o querer algo más de repente se ha vuelto un gancho para el enemigo. Las palabras "arrastran" y "seducen" sugieren una fuerza exterior que toma ventaja de nuestras debilidades internas.

♥ 2. ¿Has experimentado al enemigo "arrastrándote" o "seduciéndote"? ¿Cómo sucedió?

_____

_____

_____ ∎

♥ 3. Lee Génesis 39. Este es un estudio detallado acerca de la tentación sexual.

a. ¿Contra quién dijo José que es el pecado sexual?

_____

_____ ∎

b. ¿Qué tan frecuentemente vino esta tentación a José?

_____

_____ ∎

c. José dijo no a la tentación, pero aun así lo pusieron en la cárcel. ¿Crees que fue justo?

_____

_____ ∎

d. ¿Cuál fue la respuesta de Dios al deseo de José de hacer lo correcto?

_____

_____ ∎

¡Nota que José no pecó! Tener malos deseos es normal. Que el enemigo trate de explotar esos deseos también forma parte de la vida cristiana. No es pecado ser tentado. Es en este punto que tú y todas las personas se enfrentan a un decisión en el camino. ¿Das un paso hacia el pecado o lo resistes?

El tercer paso de la tentación es la activación. "Después, cuando la pasión ha concebido [nutrido], da a luz el pecado..." (Santiago 1:15, LBLA).

La activación de la tentación es cuando _escogemos_ dar un paso hacia el pecado con nuestros pensamientos persistentes y nuestras acciones. Hay una línea muy definitiva entre ser tentado por nuestro deseo y escoger dar un paso hacia el pecado. La tentación se nutre y se fortalece en la oscuridad y lo secreto. Retoma poder cuando nos decimos a nosotras mismas que no es gran cosa, que podemos echar solo una mirada más o hacer un poco más de coqueteo.

Talía trabajaba para un ministerio cristiano y comenzó una amistad con un compañero de trabajo. A medida que ella y este muchacho, Scott, se llegaban a conocer, su relación se tornó más casual y juguetona. Un día, Talía se percató de que era más consciente de lo que se ponía si Scott iba a estar en la reunión. También se dio cuenta de que su corazón daba un brinco cuando recibía un correo electrónico de él. Talía estaba en la encrucijada de la tentación. El Señor le estaba mostrando que esa relación era peligrosa. Como mujer casada estaba terriblemente cerca de tomar una mala decisión.

♥ 4. En este punto para Talía, ¿qué sería nutrir el deseo y dar un paso hacia el pecado?

_____

_____

_____ ∎

El paso final de la tentación es la muerte. "Y el pecado, cuando se deja crecer, da a luz la muerte" (Hebreos 1:15, NTV).

La encrucijada de la tentación no es solo una elección entre el pecado y la justicia. También es la elección entre la vida y la muerte. Proverbios 7 fue escrito para el hombre acerca de los peligros de la tentación sexual; sin embargo, la verdad de su mensaje se aplica a nuestras tentaciones también.

♥ 5. ¿Qué dice Proverbios 7:21–27 acerca del resultado final del pecado sexual?

_____

_____

_____ ∎

El pecado sexual termina en la muerte. ¡Obviamente, esta no es una muerte física; si así fuera habría muchos esposos y muchas esposas muertos por ahí! Es la muerte de un matrimonio, la muerte del respeto de tus hijos, la muerte de tu respeto hacia ti misma y tus decisiones.

♥ 6. Pídele al Señor esta semana que abra tus ojos a las vulnerabilidades que hay en tu corazón y en tu matrimonio a las tentaciones de una intimidad falsa. Escribe una oración pidiéndole a Él que te ayude a resistir y a escoger la vida.

_____

_____

_____ ■

DÍA 2
La salida

♥ 1. Lee 1 Corintios 10:13 y parafraséalo aquí.

_____

_____

_____

_____ ■

Tal vez tu esposo haya cometido un error pequeño o *grande* sexualmente. Tú sabes que él es tentado … él es hombre. Pero ¿y tú? Yo, Linda, participé en una encuesta de trescientas mujeres cristianas. Se les preguntó: "¿Alguna vez has sido tentada por otro hombre?" ¡El 95% dijo que sí, y yo me pregunté si el otro 5% eran recién casadas o estaban mintiendo! Si estás pensando: *Eso nunca me pasará a mí*, recapacita. Es probable que, en algún momento durante tu matrimonio, te pase. Así es que, ¿estás preparada? ¿Tienes una mentalidad de batalla?

¡Tu plan de batalla comienza hoy! Si esperas hasta que la tentación tenga una cara y un nombre, no te irá bien. Hay algunas decisiones importantes que tienes que tomar ahora. Involucran cuatro pasos estratégicos.

1. Haz una lista de tus "resoluciones".
2. Cuéntaselo a una amiga.
3. ¡Huye!
4. ¡Sigue atenta y sigue orando!

♥ 2. Lee el Salmo 25:20–21 y escríbelo aquí.

_____

_____

_____

_____

_____

_____

_____

_____

_____

_____ ▪

♥ 3. ¿Tienes una estrategia para guardar tu alma y dejar que la integridad y la rectitud te preserven? Si es así, escribe un párrafo describiéndolo.

_____

_____

_____

_____

_____

_____

_____

_____

_____

_____ ▪

DE CERCA CON
Linda

Esto es lo que he hecho yo. El Salmo 101 es la lista de "resoluciones" del salmista David. Él se propone a ser quién quiere ser en privado y en público. El Salmo de compromiso de David me ha animado y motivado a tener una lista privada de mis "resoluciones". Son decisiones secretas que he tomado delante del Señor acerca de cómo deseo vivir con base en el Salmo 101.

Cantaré de Tu amor y Tu justicia.

Te alabaré con cantos.

Trataré de vivir una vida sin culpa.

Viviré con integridad en mi propio hogar.

Rehusaré ver toda cosa vil o vulgar.

No tendré nada que ver con los que andan en caminos deshonestos.

Rechazaré ideas perversas y me alejaré de toda maldad.

No toleraré a la gente que calumnia a su prójimo.

No toleraré el orgullo y la jactancia.

Buscaré gente fiel que me acompañe.

No permitiré que los mentirosos sirvan en mi hogar.

Primer paso: haz una lista de "resoluciones".

♥ 4. Usando el Salmo 101 como guía, escribe una lista de tus "resoluciones". Este es tu plan de batalla para la pelea en contra de la tentación.

_____

_____

_____

_____

_____

_____

_____

■

Maggie, una joven esposa, hizo una lista de sus "resoluciones".

CAMINARÉ con integridad en mi hogar.

NO TENDRÉ pensamientos de otro hombre en mi mente.

NO TENDRÉ pensamientos de otro hombre en mi corazón.

NO TENDRÉ pensamientos de otro hombre en mi cuerpo.

BUSCARÉ amigas que también escojan ser fieles para que sean mis compañeras.

La declaración de David en el Salmo 101 es hermosa, y estamos seguras de que fue sincero en cada palabra que escribió. Sin embargo, David no vivió una vida de integridad en su propio hogar. Cedió ante la tentación. David necesitó una ruta de escape cuando fue tentado por el mal. Así es que, ¿cuál es tu ruta de escape cuando seas tentada en tu mente, corazón o cuerpo?

Segundo paso: ¡cuéntaselo a un amiga!

Mientras algo se mantiene escondido, tiene poder, pero cuando exponemos el secreto a la luz, su poder desaparece. Cuéntaselo a una mentora o a un amiga y sácalo a la luz. No esperes; ¡cuéntaselo a un amiga *hoy*!

♥ 5. Escribe aquí el nombre de tu amiga o mentora con quien vas a conversar. Si no tienes una amiga confiable, pídele a Dios que te dé una.

_____

_____

_____

■

Tercer paso: ¡huye!

♥ 6. Lee 1 Corintios 6:18 y escríbelo aquí. La palabra "huye" es un mandato fuerte. Escribe un párrafo describiendo cómo sería para ti huir rápidamente del pecado sexual.

_____

_____

_____

_____

_____

_____

_____

_____ ∎

Este mandato significa erradicar el pecado hoy:

Si estás teniendo pensamientos de otro hombre, ¡erradícalos hoy!

Si estás involucrada emocionalmente con otro hombre, ¡erradícalo hoy!

Si estás involucrada sexualmente con otro hombre, ¡erradícalo hoy!

Y todas estas maneras de huir y erradicar el pecado también se aplican si no estás involucrada con un hombre, sino con una mujer.

Cuarto paso: ¡continúa velando y orando!

"Velad y orad para que no entréis en tentación; el espíritu está dispuesto, pero la carne es débil" (Mateo 26:41, LBLA).

Estas son las palabras de Jesús urgiéndonos no solo a velar por un día u orar de vez en cuando, sino a continuar velando y orando. ¿Por qué? Porque Él dice que nuestro espíritu anhela hacer lo correcto, pero nuestra carne simplemente es débil.

> ### DE CERCA CON Juli
>
> **Velar y orar suena bastante espiritual.** Practicarlo es un poco más difícil. Es por eso que "el lugar secreto" se ha vuelto tan importante para mí. Cuando paso tiempo de rodillas ante el Señor, le pido que examine mi corazón. Muchas veces me revela patrones de pensamientos y tentaciones que yo simplemente pasaría por alto en el ajetreo de la vida. Para mí, velar y orar significa ser diligente en la atención del jardín de mi corazón. No quiero pasar por alto las pequeñas hierbas malas solo porque son pequeñas. Yo quiero que el Señor me enseñe dónde mi corazón es vulnerable al pecado para poder darle la espalda antes de que tenga la oportunidad de crecer.
>
>

♥ **7. Escribe una oración a Dios expresándole cómo te mantendrás velando y orando.**

_____

_____

_____

_____

_____

_____

■

DÍA 3
Cómo lidiar con las tentaciones de tu esposo

El día más traumático en la vida de Sabrina fue cuando descubrió la participación de su esposo en la pornografía. Sabrina sabía que Andrew había batallado con la pornografía antes de que se casaran, pero supuso que ya no era un problema porque ahora él tenía la manera de satisfacer su necesidad sexual. Nunca pensó dos veces en su computadora sin filtros ni en el material explícitamente sexual disponible en su cadena de televisión por satélite. Una noche que Sabrina despertó se percató de que Andrew no estaba en la cama. Se dirigió hacia la oficina en su hogar, esperando encontrar a su esposo trabajando. En vez de eso, lo encontró masturbándose ante imágenes eróticas en la computadora. Sabrina se sintió horrorizada y enferma. Su esposo, Andrew, arrepentido y humillado, intentó calmar a su esposa asegurándole que era un incidente aislado.

Sabrina se sintió tan rechazada e inmunda que no soportaba que Andrew la tocara. Él trató de consolarla, pero ella no quería ni estar cerca de él. ¿Qué significaba esto para su matrimonio? ¿No era ella suficiente para satisfacerlo? ¿En qué otras cosas estaba metido?

Si tu esposo ha estado involucrado en un amorío con otra mujer o en la pornografía, conoces el trauma que Sabrina experimentó. Te cuestionas todo: su amor, tu deseabilidad, su credibilidad. Cada experiencia sexual que hayas tenido con tu esposo ahora la ves bajo un lente diferente.

Queremos compartir algunos principios bíblicos y prácticos para ayudarte a entender y a lidiar con las tentaciones sexuales únicas de tu esposo. Reconocemos que para algunas de ustedes, este es un tema muy sensible y doloroso. Nuestro deseo es llevarte a la Palabra de Dios y a Su sabiduría, cualquiera que sea la situación que tú y tu esposo confrontan. Hay dos actitudes clave que Dios quiere que tu corazón y mente acepten.

1. Ten empatía por la batalla.

2. No des oportunidad al pecado.

En nuestro trabajo de ayudar a mujeres a superar el problema de la tentación de un esposo hemos visto a muy pocas de ellas abordar las luchas y faltas de sus esposos con empatía y un llamamiento a la rendición de cuentas. Sin embargo, en la Escritura, cada vez que se llama a un cristiano a lidiar con el pecado de otro se enseñan estos dos elementos.[2]

La primera clave: mayor empatía

♥ 1. ¿Qué crees que significa tener empatía en medio de las tentaciones sexuales y las faltas de tu esposo?

_____

_____

_____ ∎

El diccionario define *empatía* de esta manera:

"La acción de entender, ser conscientes, ser sensibles y experimentar vicariamente los sentimientos, pensamientos y experiencias de otro …".

Empatía significa que entiendes lo que es ser tu esposo. El problema es que nunca has sido hombre y no puedes comprender completamente lo que es ser tentada como él es tentado. Tu mente no logra entender por qué tu esposo podría estar completamente cautivado y fascinado al ver a una mujer en un bikini. No puedes imaginarte el hecho de que algunos días él lucha a cada momento para no pensar en cosas sexuales.

Aunque no puedes entender las tentaciones de tu esposo, sabes lo que es batallar en contra del pecado. La empatía comienza con humildad, reconociendo que tú también eres igual de imperfecta y estás tan quebrantada como tu esposo. Si eres honesta admitirás que tú luchas con el pecado al igual que él, pero tu pecado tal vez sea menos obvio. Podría ser ansiedad, un sentido de justicia propia, el deseo de ser estimada por otros, murmuración, amargura, quejas, deshonestidad, el deseo de tener un esposo diferente.

♥ 2. ¿Con qué pecado batallas diariamente?

_____

_____

_____ ∎

♥ 3. Cada uno de los siguientes pasajes enseña cómo debemos pensar y lidiar con el pecado de otra persona. ¿De qué manera cada uno de estos pasajes te anima a entender y empatizar con tu esposo en esta situación?

a. Mateo 7:1–5

_____

_____

_____ ■

b. Juan 8:1–11

_____

_____

_____ ■

c. Gálatas 6:1–4

_____

_____

_____ ■

Empatía también significa entender que los hombres buenos experimentan tentaciones sexuales. Para el hombre promedio, la tentación sexual es un aspecto importante de su existencia. El título del libro _La batalla de cada hombres_, el cual fue un éxito de librería, lo dice todo. Este libro ha vendido más de 2,5 millones de ejemplares, afirmando el hecho de que la tentación sexual de verdad es una batalla de todos los hombres.

Los hombres cristianos que luchan con la tentación sexual cargan con una enorme vergüenza. Solo el hecho de que son tentados a ver pornografía o a pensar sexualmente en sus compañeras de trabajo lo lleva a pensar así:

"¡Qué me pasa? ¡Por más que lo intente, no puedo dejar de pensar de esta manera!"

"Me detesto por los pensamientos que tengo. Si alguien supiera lo que en verdad pasa por mi mente, sentiría repulsión por mí".

Hemos conocido a maravillosos hombres cristianos que dudan de su salvación porque la lucha contra la lujuria es muy grande. Un hombre piadoso _no_ es un hombre que no lucha con el pecado sexual, sino uno que continuamente lucha y se rehúsa a ceder a la tentación. ¡Vimos al comienzo de este capítulo que el rey David, uno de los hombres más piadosos que ha existido, no solo experimentó tentación sexual, sino que cayó completamente ante ella!

♥ 4. ¿Hasta qué punto crees que entiendes cómo tu esposo es tentado sexualmente? ¿Qué temores te impiden querer saber acerca de su lucha?

_____

_____

_____ ■

La segunda clave: empatía no quiere decir que excusas el pecado

Mientras que algunas esposas tienen dificultad para entender por qué sus maridos luchan en el área sexual, otras tratan el asunto como si no fuera gran cosa. Esto es particularmente cierto con la pornografía. Los programas de televisión muestran a las parejas bromeando acerca de un esposo que usa pornografía con el conocimiento y consentimiento de su esposa, como si eso fuera algo normal en el matrimonio. Hemos escuchado a esposas que aceptan esto como verdad y dicen cosas como: "No es que tenga un amorío". "Me quita la presión de encima de siempre tener que estarlo satisfaciendo".

Aunque Jesús extiende Su gracia sobreabundante y Su perdón por nuestro pecado, también nos llama a un estándar de santidad. Como esposa piadosa estás llamada a ayudar a tu esposo a poner la mira en un estándar de santidad en tu matrimonio. ¿Pero cómo se hace esto?

Una de las maneras principales en las que puedes ayudar a tu esposo es vinculando su comportamiento con el impacto que tiene en tu matrimonio. Satanás engaña al hombre para que ponga su comportamiento sexual en compartimentos. En otras palabras, un hombre puede creer que puede fantasear con otra mujer, coquetear con alguien en el trabajo o ver imágenes sexuales en la Internet y que esto no tiene impacto alguno en lo profundamente que ama a su esposa.

El pecado sexual de cualquier tipo destruye la posibilidad de profundo conocimiento _yada_ entre tú y tu esposo. Tú puedes ayudarlo a hacer esa conexión.

♥ 5. ¿Qué impacto tiene el pecado o la tentación sexual de tu esposo en ti? ¿En tu matrimonio?

_____

_____

_____ ■

Comunicar la conexión entre el comportamiento de tu esposo y cómo te sientes es un asunto delicado. Tu esposo tal vez no pueda escuchar cómo su comportamiento te afecta hasta que pueda superar su vergüenza, que alimenta la actitud defensiva. Tu primer paso es asegurarte de que él se sienta validado en su lucha. Esto puede tomar tiempo. Pero a la larga estará listo para escuchar y entender la conexión. Aquí te damos un ejemplo para ayudarte a comunicarle este concepto.

Quiero que sepas cuánto deseo compartir todo aspecto de la vida contigo. Quiero compartir nuestros pensamientos, nuestros sueños y nuestros cuerpos completamente. Entiendo que estás luchando con _____ y quiero ayudarte de cualquier manera que pueda para ganar esa batalla. Pero también necesito que entiendas cómo tu lucha me lastima. Me hace sentir como que no valgo nada y como que nunca puedo complacerte (añade tus propias palabras). Le va robando poco a poco a la confianza que desesperadamente quiero que exista entre ambos. Anhelo que todos tus pensamientos sexuales sean solo sobre mí. Por favor, perdóname por cómo te he resistido sexualmente. Quiero trabajar para convertirme en el tipo de amante que te cautiva. Sin embargo, solo me puedo entregar a ti si sé que estás reservando todo tu ser, cuerpo, alma y mente para mí.

♥ 6. Lee Mateo 18:15–35. Aquí Jesús nos dice cómo confrontar el pecado entre nosotros y también nos enseña cuál debe ser la actitud de nuestro corazón. ¿Qué instrucciones específicas ves en esta enseñanza?

_____

_____

_____ ■

Hacer esto prácticamente significa entender la diferencia entre un esposo que está activamente luchando contra la tentación y uno que no admite que necesita ayuda.

♥ 7. Lee 1 Juan 1:6–10. ¿Qué dice este pasaje acerca de la importancia de la actitud del corazón hacia nuestra propia lucha con el pecado?

_____

_____

_____ ■

Si tu esposo es abierto contigo acerca de su lucha, pide perdón y busca ayuda, haz todo lo que puedas para apoyarlo. Sin embargo, si él lo niega y se rehúsa a hablar de ello, debes amorosamente comenzar a crear delineamientos y una atmósfera que no permita que continúe el pecado. Estas decisiones requieren gran discernimiento, y es por esta razón que Jesús nos dice que traigamos a una tercera persona con sabiduría (pastor o consejero) para ayudarnos a caminar bíblicamente.

♥ 8. Para concluir la lección de hoy queremos guiarte en oración acerca de las tentaciones de tu esposo.

Amado Señor:
Me dices que saque primero la viga de mi ojo antes de que comience a entender y confrontar el pecado de mi esposo. En este momento, ¿me podrías comenzar a mostrar mi propio pecado, sexual o de otro tipo?

Confieso delante de Ti mi pecado de _____ .

Admito que tengo miedo de entender en verdad la sexualidad de mi esposo y cómo él lucha. Siento que es demasiado para mí. Sin embargo, quiero comprender a este hombre que Tú me has dado para poder ser su compañera en todo aspecto. Por favor, dame la sabiduría y la empatía para caminar a su lado, aceptar todo lo que él es.

Señor, dame la gracia para siempre recordar que soy pecadora y que lucho al igual que él. Su pecado no es más detestable que el mío. Dame las palabras esta semana para saber cómo acercarme a él en su lucha y convertirme en la ayuda que Tú me diseñaste para ser.

Amén.

DÍA 4
Lucha como equipo

Uno de los aspectos más dañinos de la tentación sexual es que divide a las parejas. Un esposo y una esposa pocas veces hablan de cómo son tentados sexualmente a menos que uno de ellos atrape al otro mandando mensajes de texto, coqueteando con algún compañero(a) de trabajo, viendo algo sexualmente explícito, reconectando con un antiguo novio(a) en Facebook o mintiendo acerca de la razón por la que llega tarde a la casa después del trabajo.

Debido a los sentimientos de culpa y rechazo asociados con las tentaciones sexuales, la mayoría de las personas lo oculta de su cónyuge.

A pesar de que a Satanás le encantaría hacer que uno o ambos de ustedes caigan en el pecado sexual, es feliz con solo usar la tentación misma para crear una división entre ambos. ¡Lo último que él quiere es que tú y tu esposo trabajen juntos para combatir la tentación!

Recuerda quién es el verdadero enemigo. Independientemente de quién sea el que batalla con la tentación sexual, debes comenzar a ver esto como un problema de pareja. No queremos decir que la esposa debe tomar la responsabilidad de la pureza de su esposo o viceversa. Sin embargo, cuando el pecado sexual y la tentación llegan a uno de los dos, afecta a ambos. Satanás usará la pornografía, los apegos emocionales inapropiados y otras formas de tentación para dividirte aún más si puede definir a tu pareja como "el problema" o "el enemigo". Mientras continúen peleando el uno contra el otro no pueden luchar juntos.

El matrimonio es el máximo juego deportivo de equipo. Entonces ¿cómo podemos formar un equipo?

Convertirse en un equipo que combate la tentación sexual requiere tres cosas:

Primero, deben aprender a comunicarse el uno al otro sin juzgarse. Si no sabes cómo lucha tu esposo, ¿cómo puedes ayudarle? Si él no conoce tus luchas, ¿cómo puede ayudarte?

♥ 1. En una escala del 1 al 10, ¿qué tan bien entienden tú y tu esposo sus vulnerabilidades y tentaciones? ¿Cómo pueden dar un paso para mejorar en esta área?

_____

_____

_____ ▪

Segundo, jueguen la línea defensiva juntos. ¿Dónde es su matrimonio vulnerable? ¿Qué necesidades tienen tú y tu esposo que no están siendo llenadas, dejándoles expuestos a la tentación? ¿Cómo pueden levantar "paredes" o "muros de protección" para guardarse de la tentación?

Wendy y Mark construyeron muros de protección:

Nosotros no comemos a solas con alguien del sexo opuesto.

Tratamos siempre de estar disponibles para contestar la llamada de nuestra pareja.

Mantenemos todos los mensajes de texto, de teléfono y las cuentas de correos electrónicos disponibles a ambos.

♥ 2. ¿Qué hacen tú y tu esposo para jugar a la defensiva juntos?

_____

_____

_____ ▪

Tercero, jueguen a la ofensiva juntos. No te limites a esperar que llegue la tentación y ataque tu matrimonio. Ora en contra de ello. Trabaja en tu relación sexual y romántica para que no des lugar al ataque del enemigo.

♥ 3. ¿Cómo juegan a la ofensiva tú y tu esposo, protegiéndose de posibles tentaciones en su matrimonio?

_____

_____

_____ ▪

♥ 4. Lee 1 Corintios 7:1–5. Escríbelo en tus propias palabras aquí:

_____

_____

_____ ▪

💗 5. De acuerdo a este pasaje, ¿cómo específicamente pueden tú y tu esposo guardarse el uno al otro de la tentación sexual?

_____

_____

_____ ∎

Mientras meditas en 1 Corintios 7, queremos ser muy claras. Puedes ser la esposa más bella y fiel y aun así tener un esposo que toma decisiones pecaminosas. Hemos conocido a mujeres que estaban muy entusiasmadas de ser una amante apasionada y sus esposos que cayeron en pecado sexual. Sin embargo, también hay muchas mujeres que no toman en serio las enseñanzas de Pablo en 1 Corintios 7. Una parte importante de tu ministerio con tu esposo es aceptar su sexualidad y regalarle la tuya.

💗 6. Si tú y tu esposo se tomaran en serio la enseñanza de 1 Corintios 7, ¿qué cambiaría en su matrimonio?

_____

_____

_____

_____

_____ ∎

DE CERCA CON *Juli*

Mike y yo hemos aprendido con el pasar de los años lo que significa luchar como equipo en contra de la tentación. Al principio parecía una invasión a nuestra privacidad el preguntarnos el uno al otro cómo éramos tentados. Entonces nos dimos cuenta de que en realidad ser tan vulnerables el uno con el otro era un paso hacia la intimidad profunda. Debo admitir que jugar a la "ofensiva" es más divertido que jugar a la "defensiva". Pero luchar juntos en contra del enemigo ha profundizado nuestra confianza mutua y ha impactado profundamente nuestra intimidad.

Eclesiastés 4:12 puede aplicarse fácilmente al matrimonio:

Uno solo puede ser vencido, pero dos pueden resistir. ¡La cuerda de tres hilos no se rompe fácilmente!

Este versículo habla acerca de una cuerda de tres hilos. Recuerda que el matrimonio cristiano no está hecho de dos sino de tres. Tú y tu esposo no se enfrentan contra el enemigo por sí solos. El Señor Jesucristo está listo y dispuesto a combatir junto con ustedes y por ustedes contra el enemigo. La opinión del Señor acerca de tu matrimonio no es

Preguntas prácticas acerca de ser un equipo.

A medida que tú y tu esposo trabajan juntos para llegar a ser un equipo en el combate de la tentación sexual, existen dos directivas que tienen que entender:

1. Ser un equipo no significa que sean la persona principal a quien le rinden cuentas. Aunque es sano que un esposo y una esposa entiendan cómo y cuándo el otro es tentado con mayor fuerza, no sugerimos que solamente confíen el uno en el otro para rendir cuentas. Tú necesitas a una mujer en quien confíes para que te haga las preguntas difíciles y él necesita a otro hombre que haga lo mismo con él.

2. El ser un equipo no significa que comparten entre sí cada detalle. Una de las razones por las que no es sabio ser la confidente de tu esposo y la persona a quien le rinde cuentas es que algunos detalles acerca de cómo es tentado (o cómo tú eres tentada) podrían ser emocionalmente dañinos y hasta traumáticos. Cuando se pinta una imagen vívida de la tentación sexual o el fracaso, esas imágenes son difíciles de borrar y pueden echar a perder la confianza.

neutral. Él dice en Hebreos 13:4 que el lecho del matrimonio debe ser puro y que el matrimonio debe ser honrado por todos. El Todopoderoso también declara que a quien Él ha unido, nadie los separe. Comienza luchando contra el verdadero enemigo de tu matrimonio como equipo al recordarse el uno al otro que: "… Si Dios está de nuestra parte, ¿quién puede estar en contra nuestra?" (Romanos 8:31).

7. Este es el momento de poner en práctica algo de lo que has estado aprendiendo. Guardar todo lo que has estudiado esta semana en tu mente y corazón solo podrá combatir la tentación sexual hasta cierto punto. Tú y tu esposo deben dar pasos para convertirse en un equipo. Comprendemos que cada matrimonio está en situaciones diferentes. Puede ser que tú y tu esposo tengan conversaciones acerca de la tentación de manera regular. O tal vez este sea un tema que nunca antes habían considerado tratar. Escoge la tarea que creas es la más apropiada para tu matrimonio:

a. Lee todas las porciones de la tarea de esta semana con tu esposo. Luego, pregúntense lo siguiente: "¿Cómo puedo entender mejor la manera en que luchas en el área sexual?".

b. Pídele a tu esposo que se comprometa a que oren juntos una vez a la semana específicamente acerca de proteger su matrimonio en contra de la tentación sexual.

c. Escribe una carta al Señor expresando los temores y las emociones que impiden que conozcas y entiendas las tentaciones sexuales de tu esposo. Pídele sabiduría y valor.

_____

_____

_____

_____

_____

DÍA 5
El lugar secreto: "me acordaré"

Tal vez esta lección ha removido el dolor en tu corazón. Recuerdas tu pecado sexual o el de tu esposo. O tal vez la tentación no está en el pasado, sino en el presente, y el dolor es sobrecogedor. Dondequiera que te encuentres hoy en tu matrimonio—deleitándote en lo dulce o agonizando de dolor—el Salmo 77 alentará tu corazón.

El Salmo 77 es uno de nuestros favoritos. Nos encanta porque Asaf, el autor y uno de los músicos principales del rey David, comprendió la profundidad del dolor penetrante. Nos regocijamos en su descripción honesta del dolor y nos deleitamos en que descubrió una manera de cambiarnos de un llanto de dolor a un canto de adoración.

♥ 1. Lee el Salmo 77:1–10 y parafraséalo aquí.

_____

_____

_____

_____

_____ ■

La versión La Biblia de las Américas traduce el versículo 10 de esta manera: "Este es mi dolor: que la diestra del Altísimo ha cambiado". Asaf estaba en tal desesperación que sintió que Dios había cambiado (versículo 10). La vida parecía irremediable.

♥ 2. Describe una ocasión (tal vez fue durante este estudio bíblico) cuando experimentaste esta agonía profunda y desgarradora.

_____

_____

_____ ■

♥ 3. Lee el Salmo 77:11–14 y describe el cambio de perspectiva.

_____

_____

_____ ■

Algo dramático sucede en el corazón de Asaf en la segunda mitad del Salmo 77. ¿Qué fue lo que causó esta transformación sorprendente? Dos pequeñas palabras revelan lo que hizo:

Me acordaré

♥ 4. Lee el Salmo 77:11 y parafraséalo aquí.

_____

_____

_____ ∎

Asaf dijo: "Me acordaré de las obras del Señor". En hebreo la palabra *recordar* significa "traer a la memoria." Este "traer a la memoria" no es algo que sucede naturalmente. Asaf tomó una decisión secreta. Escogió dejar atrás sus pensamientos depresivos y caminar por otro rumbo, el camino de acordarse de quién es Dios y qué ha hecho en el pasado. Expresó este cambio de actitud a través de otra afirmación: *Meditaré en toda tu obra, y reflexionaré en tus hechos* (v. 12).

Amiga, es importante que Asaf escogiera una afirmación y no un sentimiento. Escoger recordar y meditar en lo que Dios había hecho fue algo intencional. Asaf escribió una lista de resoluciones de "acordarse" de la fidelidad de Dios en el pasado. Esto le dio esperanza de que Dios sería fiel hoy y en el futuro.

♥ 5. Lee el Salmo 77:10–14 y pídele a Dios que te enseñe a escribir tu lista de resoluciones de "acordarte" de la fidelidad de Dios en tu matrimonio y en tu intimidad. Escríbela aquí o en tu diario. Mientras escribes, estamos orando por ti.

_____

_____

_____

_____

_____

_____ ∎

"Señor, ¿podrías cambiar el corazón de esta querida esposa para que pueda recordar QUIÉN eres y todo lo que has hecho en el pasado? Permítele recordar Tu fidelidad. Dale esperanza para hoy y para el futuro".

ORA CON NOSOTRAS

Intimidad libre de deudas

"A la larga, el poder del amor para perdonar es más poderoso que el poder del odio para buscar la venganza".—Dr. Lewis B. Smedes, *Forgive and Forget* [Perdona y olvida]

CAPÍTULO 8

TEMA:

el perdón es una decisión poderosa y secreta que prepara el camino para la intimidad profunda.

VERSÍCULOS LEMAS:

"Sea quitada de vosotros toda amargura, enojo, ira, gritos, maledicencia, así como toda malicia. Sed más bien amables unos con otros, misericordiosos, perdonándoos unos a otros, así como también Dios os perdonó en Cristo" (Efesios 4:31–32, LBLA).

Si tienes más de un hijo, trata de darle a uno de ellos un pedazo grande de pastel mientras que al otro le das un pedacito. Celebra el cumpleaños de uno con una fiesta y al otro pásalo por alto. Entonces prepárate para la muy predecible protesta: "¡No es justo!". No tienes que enseñarles a tus hijos acerca de lo que es justo. Ellos nacen con la inclinación para demandar justicia. Es parte de ser hechos a la imagen de Dios, quien es justo y recto.

Pablo dice que la ley de Dios está escrita en el corazón humano (véase Romanos 2:15). Cualquiera que sea tu trasfondo, tu cultura o tu personalidad, tienes un sentido innato de la justicia. Escuchas que una mujer que fue brutalmente violada y tu corazón implora que se haga justicia. Te preguntas por qué una mujer que es virgen cuando se casa no puede disfrutar de la relación sexual, mientras que su amiga que fue promiscua de joven tiene una vida sexual fabulosa. ¡No es justo!

Nuestra lucha por recibir el perdón de Dios, para perdonarnos a nosotras mismas y para extender el perdón a otra persona (*especialmente* a tu esposo) son todas acerca de la justicia.

"Él no merece que lo perdonen. ¡Es demasiado!"

"¿Por qué debo perdonarlo si es probable que lo vuelva a hacer?"

"Nunca me sentiré libre de mis errores pasados. Son demasiado terribles para ser perdonados".

Estas son declaraciones que reflejan la demanda de justicia. El perdón es acerca de lo que debes, ya sea tu pecado o el de alguien más en contra tuya. Ha habido una ofensa y debe haber un pago para restituir. Es simplemente lo correcto. Es lo recto. Es lo justo.

Te acostaste con muchos hombres. Abortaste a un bebé o tal vez a varios. Has anidado enojo y amargura hacia tu esposo por décadas. La justicia dice que mereces sufrir por tus pecados.

Tu padre abusó de ti sexual o emocionalmente. Tu madre no hizo nada por detenerlo. Tu esposo te traicionó con sus decisiones. Estas personas te hirieron más allá de lo que puedes expresar. ¡Merecen ser juzgadas y sentenciadas a un castigo severo!

¡Qué sencillo es decir "te perdono" cuando alguien te pisa un dedo del pie o te manda tarde una tarjeta de cumpleaños! Pero el perdón que tiene que ver con la intimidad auténtica es tan vivo y tan profundo que no puede ofrecerse rápidamente ni aceptarse a la ligera. Los pecados sexuales, los que has cometido o los que se han cometido en contra tuya, son de los más difíciles de solucionar con el perdón. Vemos esto en el diario de Sarah.

> *Cuando mi esposo, el que se comprometió delante de Dios y de toda una iglesia llena*
> *de gente a amarme y a quererme para siempre,*
> *Cuando este hombre, quien comparte mi cama y conoce íntimamente cada pulgada*
> *de mi cuerpo,*
> *Cuando este hombre a quien le doy mi corazón, mi cuerpo, mi pasión,*
> *Cuando este hombre rechaza mis brazos y toma en los suyos a otra,*
> *¡ES TRAICIÓN!*
> *Mi corazón está herido, roto, sangrando.*
> *¿Cómo pudo?*
> *¿Cómo se atreve?*
> *¿Cómo puedo perdonarlo?*
> *¿Por qué debo perdonarlo?*

Cuando el dolor profundo de tus entrañas viene de los pecados y las ofensas más íntimas de tu vida, es natural que asumas la carga de decidir y asignar la justicia. Tú sabes lo que él merece y quieres asegurarte de que lo reciba.

Lo mismo se aplica a tu pecado. En algún momento, tú te has juzgado. Has medido tu pecado y has decidido tu castigo. ¿Cuánto de la vida gira alrededor de esta justicia? Saboteas tu matrimonio porque te has condenado a una vida infeliz. Lastimas tu cuerpo con castigos como comida chatarra, nicotina, cortaduras, obesidad o alcohol para pagar por tus pecados que parecen estar enterrados muy profundamente. Y la culpabilidad … el siempre presente castigo emocional que nunca te dejará libre para disfrutar el verdadero amor de Dios.

Entonces viene el recordatorio del perdón. Cristo te lo extiende y te pide que lo des libremente.

> Sean comprensivos con las faltas de los demás y perdonen a todo el que los
> ofenda. Recuerden que el Señor los perdonó a ustedes, así que ustedes deben
> perdonar a otros (Colosenses 3:13, NTV).

¡Pero no es justo! El perdón parece sugerir que tomes un atajo y que dejes a un lado la justicia. ¿Cómo te hace sentir saber que un asesino, violador o ladrón corporativo se ha salido con la suya porque tenía un gran abogado? Tu corazón grita: "¿Y la justicia?". Tal vez sientas esa misma respuesta visceral cuando se trata del perdón. ¿Cómo puede Dios o alguien más sugerir que la pena debida por esos pecados no debe pagarse?

Debes entender que el perdón al cual Dios te ha llamado, para ti y para otros, no compite con la justicia. El amante Salvador que colgó de una cruz es aún el Juez que está sentado a la diestra del Padre. Él aún es el Camino de Justicia que dice que "todo lo hecho en secreto será expuesto" (nuestra paráfrasis de Marcos 4:22).

Pero este Juez justo tiene otro nombre: Redentor. Él trae redención por una razón: porque ama.

DÍA 1
Acepta el costo del perdón

El perdón nos presenta una paradoja: es un regalo de Dios que sin embargo te costará mucho aceptar. Muchos cristianos caminan con una "versión barata" del perdón. Aceptan el pago de los pecados en su mente y hasta pueden estar confiados de que un día estarán en el cielo. Sin embargo, nunca han tomado el camino costoso de recibir el perdón del Señor a los lugares más secretos de su corazón.

La hermosa mujer del Evangelio de Lucas que adoró ante los pies de Jesús es nuestra guía al perdón total. Hoy usaremos el ejemplo de lo que dejó ir para caminar en el perdón pleno de Jesús.

♥ 1. Lee Lucas 7:36–50. Pídele al Señor que te hable directamente a través de este evento que recoge la historia. Escribe tus observaciones aquí:

_____

_____

_____ ■

♥ 2. El perdón te cuesta tu *pasividad*.

a. ¿De qué maneras luchó contra su pasividad esta hermosa mujer para llegar a la presencia de Dios?

_____

_____

_____ ■

b. ¿Cómo has sido pasiva en tu manera de conocer el perdón de Dios?

_____

_____

_____ ∎

c. ¿Cómo te está pidiendo el Señor que busques Su presencia activamente?

_____

_____

_____ ∎

♥ 3. El perdón te cuesta tu *dignidad*.

a. ¿Cómo ves a esta mujer abandonar su dignidad para estar a los pies de Jesús?

_____

_____

_____ ∎

b. ¿Qué te dicen los pensamientos de Simón en el versículo 39 acerca de esta mujer? ¿En qué tipo de pecado te imaginas que estaba?

_____

_____

_____ ∎

c. ¿Cómo te impide tu orgullo contestar honestamente la siguiente pregunta: "¿Qué tipo de mujer eres?".

_____

_____

_____ ∎

♥ **4.** El perdón te cuesta tu *reputación*.

a. La mujer de Lucas 7 obviamente tenía una reputación escandalosa. Pero al venir a Jesús pasó por alto todas las costumbres sociales. ¿Cómo la pusieron sus acciones bajo el escrutinio y la crítica de otros?

_____

_____

_____

_____

_____ ∎

b. ¿Cómo la preocupación por tu reputación te ha impedido que conozcas el perdón total?

_____

_____

_____

_____

_____ ∎

♥ **5.** El perdón te cuesta tu *incredulidad*.

a. Lee Lucas 7:50 y escríbelo aquí.

_____

_____

_____

_____

_____ ∎

La historia de Joy

Cada día … he estado pensando mucho en el pasaje de Lucas 7. Es asombroso para mí cómo el quebrantamiento de esta mujer la guió a adorar a Jesús. El quebrantamiento de esta mujer fue el camino que la llevó a una intimidad con Jesús que trascendió a un nivel más allá que el de los otros que estaban en el cuarto. Anhelo eso profundamente. Quiero que mi quebrantamiento me acerque más a Cristo, lo cual va de la mano con poder estar en comunión con Su sufrimiento. Otra cosa que estaba pensando es en los hombres que estaban tratando de decirle a Jesús quién era esa mujer. Las maneras en que respondieron a ella me hicieron imaginar que tal vez uno o varios de ellos la habían ido a visitar en el burdel silencioso de su ser. También traté de pensar en el pasado de esta mujer; tal vez era como yo … víctima de abusos brutales desde pequeña aun al punto de tener que adorar a Satanás como prostituta del templo. Si es así, la hermosura de la confianza y el quebrantamiento que resalta cuando ella alaba a Jesús son absolutamente sorprendentes.

b. Esta mujer tomó un gran riesgo al venir a Jesús basada en su fe: su creencia de que Él la recibiría y la limpiaría. Aunque tal vez creas que Jesús puede genéricamente perdonar a algunas personas, ¿crees en verdad que Él recibirá y perdonará todos *tus* pecados?

_____

_____

_____ ■

La mujer que hemos estado estudiando íntimamente hoy entró en la casa de un fariseo buscando perdón y renovación completa. Estaba ansiosa, desesperada y probablemente aterrada. Pero las cadenas de su pecado y su vergüenza la condujeron a medidas extremas. Lo arriesgó todo, llevó su posesión más preciada y se rindió a la misericordia del Redentor. Tú eres esta mujer. Las máscaras de tu independencia, tus logros y tus esmeradas presentaciones pueden esconder el hecho de que en lo profundo de tu corazón, no estás menos desesperada que ella por ser redimida. Esta mujer se fue de aquella casa siendo una nueva criatura. El perdón y la intimidad con Jesús eran su nueva realidad. Su búsqueda abandonada de Jesús fue la estaca en el suelo que marcó su vida como cambiada para siempre.

♥ 6. Hoy te invitamos, en tu desesperación, a que entres por esas puertas con valentía para llegar adonde está Jesús. Encontrarás que Él ha estado esperándote. Abandona tu pasividad, tu dignidad, tu reputación y tu incredulidad y derrama tu amor ante Sus pies. No vienes con las manos vacías a tu Redentor. Él te pide la cosa más preciada para ti: tu quebrantamiento y tu amor.

_____

_____

_____

_____ ■

Redentor nuestro:

¡Que tu hija se lleve de este encuentro íntimo contigo el conocimiento profundo del perdón que Tú ya has comprado para ella! ¿Recibirías sus ofrendas de adoración y amor y la sellarías como transformada para siempre? ¡Que sea libre de disfrutar la intimidad más profunda contigo y con su esposo, libre de las cadenas de amargura y culpa! No hay otro nombre en la tierra o en el cielo que pueda desatar estas cadenas excepto el nombre que está sobre todo otro nombre … nuestro amado Jesús.

Amén.

DÍA 2
No lleves la cuenta de tus propias equivocaciones

Ayer meditaste en recibir todo el perdón de Dios para ti, no solo un perdón en tu mente, sino en lo profundo de tu corazón; ¡un perdón que trae libertad! El perdón no es solo "intelectual", sino que necesita fluir poco a poco hasta llegar a lo más profundo y a los rincones de tu corazón. A veces una mujer sabe que Dios la ha perdonado, pero ella no puede perdonarse a sí misma. La libertad no es un deleite diario.

Muchas veces escuchamos a mujeres cristianas decir: "Puedo perdonar a otros, pero ¿cómo puedo olvidar lo que he hecho? Yo sé que Dios me perdona, pero no puedo perdonarme a mí misma".

"Yo decidí abortar a mi propio hijo".

"Cada vez que mi esposo y yo hacemos el amor, estoy visualizando al líder de alabanza en mi mente. ¿No es eso enfermizo? Y la esposa del líder de alabanza es mi amiga".

"Yo me autocomplazco con bastante frecuencia solo porque me gusta escaparme mental y físicamente. ¿Qué pensaría mi esposo si supiera…?".

Dios nos ha estado enseñando algo nuevo acerca del perdón. Está escondido en un versículo simple y sencillo acerca del amor, no del perdón. Es tan simple que muchas veces pasa desapercibido cuando leemos el hermoso pasaje de 1 Corintios 13. Leemos con rapidez y sin atención a cinco palabras—cinco palabras profundas que no son simples, pero que hablan del perdón. Son clave para perdonar.

El amor […] no guarda rencor (1 Corintios 13:4–5).

1. Escribe un párrafo explicando lo que significa que el amor no guarda rencor.

_____

_____

_____ ∎

En un lección previa estudiamos el hermoso pasaje del capítulo del amor y te animamos a que consideraras cómo puedes amar a tu esposo de esta manera sacrificial y desinteresada. Algunos han dicho que el corazón de este maravilloso pasaje es la frase que se encuentra en el versículo 5: … "no guarda rencor". La palabra griega que se traduce como "guarda" es *logizomai*; significa imputar o hacer cuentas.[1] Esta palabra griega se usa en Romanos 4:8: "¡Dichoso aquel cuyo pecado el Señor no tomará en cuenta!".

Escucha con atención, ¡esto es importante! Ante los ojos de Dios tu pecado ya no existe. Dios *no* guarda un registro de tus ofensas. Recibir perdón no significa que te libras.

Significa aceptar la realidad de que tus pecados han sido pagados, ¡en esta vida y en la eternidad!

> *Perdonarte a ti misma tal vez sea el logro que has estado buscando. Podría hacerte libre en maneras que nunca antes habías experimentado. Esto es porque tenemos miedo de perdonarnos a nosotros mismos. Nos aferramos a nuestros temores como si fueran algo de valor. La verdad es que este tipo de temor no es ningún amigo, sino un enemigo feroz. El aliento del mismo Satanás está detrás del temor de perdonarnos a nosotros mismos.*—R.T. Kendall[2]

♥ 2. ¿Cómo te recrimina el enemigo acerca de tu apatía o tu pecado sexual?

_____

_____

_____

Rehusar perdonarte a ti misma puede tener sus raíces en la **incredulidad** de que el sacrificio de Jesús es total, no solo para salvación, sino para caminar en libertad.

♥ 3. Lee el Salmo 103:8–14. ¿Qué dicen estos versículos específicamente acerca de la magnitud del perdón de Dios?

_____

_____

_____

♥ 4. ¿Por qué se requiere que tengas fe para creer que estas declaraciones se aplican a *ti*?

_____

_____

_____

Negarte a perdonarte a ti misma también puede tener sus raíces en el **orgullo**. El espíritu humano es independiente y orgulloso. Intrínsecamente quieres resolver tus propios problemas, pagar tus deudas, forjar tu propio camino. Se siente bien sufrir por tus pecados al no permitirte tener placer o al hacer cosas que sabotean tu intimidad.

Se necesita humildad total aceptar el perdón total. Significa darte por completo al Señor Jesús y admitir que no hay nada que puedas hacer para salvarte. El perdón y el respeto propio son incompatibles.

💟 5. Lee Efesios 2:8–9. ¿Cómo elimina toda jactancia el caminar en la libertad del perdón?

_____

_____

_____ ■

Rehusar perdonarte a ti misma también puede tener su raíz en la **confusión** acerca de las consecuencias a largo plazo del pecado. La historia de Jamie es un ejemplo:

Durante mis días de adolecente y mis veinte años era muy rebelde. Me acosté con más hombres de lo que puedo recordar y me da vergüenza decir que me hice tres abortos. El alcohol, las drogas y las fiestas eran mi vida. No quería que nadie interfiriera con mis decisiones. Cuando tenía veintiséis, una amiga me invitó a un retiro y ahí le di mi vida a Cristo. En el retiro, Dios cambió mi vida. Estaba comprometida a la pureza hasta mi matrimonio y decidí no volver a mi antigua vida. Unos cuantos años después, Dios trajo a Craig, un hombre cristiano maravilloso, a mi vida. Poco después de que nos casamos descubrí que tenía cáncer del cuello uterino. Para no hacerles la historia larga, mi caso era muy grave y me tuvieron que hacer una histerectomía. ¡El dolor y la tristeza que esto nos trajo a mí y a mi esposo fue terrible! Yo le había robado la oportunidad a Craig de ser padre por mi pecado. Esto me ha hecho en verdad dudar del perdón de Dios. Si en verdad Él hizo alejar de mí mis rebeliones tan lejos como está el oriente del occidente, ¿por qué estamos aún viviendo en castigo?

El perdón es algo difícil de comprender si, como Jamie, agrupamos las consecuencias tanto naturales como espirituales suponiendo que son una misma cosa. Es muy importante entender la diferencia entre la redención espiritual y la obra de Dios en las consecuencias naturales del pecado. Aunque Dios tal vez no elimine las consecuencias naturales de un pasado pecaminoso, Su perdón aun así es completo. El pecado trae dolor para nosotros y para los que nos rodean. Aunque Dios escoja no eliminar el dolor, ofrece redimirlo de una manera diferente.

💟 6. Lee Romanos 8:28. ¿Qué dice este versículo que Dios puede hacer en _todas_ las cosas? ¿Cuáles son las condiciones para esta promesa?

_____

_____

_____ ■

♥ 7. ¿Cómo puede Dios redimir las consecuencias del pecado (tuyo o el de otros) para tu bien?

_____

_____

_____ ∎

♥ 8. Llena los espacios en blanco de esta oración:

Señor, ha sido muy difícil para mí perdonarme por:

_____

_____

_____ ∎

En vez de confiar en Ti, secretamente he tomado la decisión de castigarme de esta manera:

_____

_____

_____ ∎

Señor, la barrera más grande para en verdad recibir Tu perdón y no guardar un registro de mis ofensas es:

_____

_____

_____ ∎

Oh, Redentor, te entrego esta barrera y Te pido que me ayudes a caminar en la libertad de Tu perdón.

"En gran manera me gozaré en Jehová, mi alma se alegrará en mi Dios, porque me vistió con vestiduras de salvación, me rodeó de manto de justicia..."
Isaías 61:10 (RV–1995).

DÍA 3
El poder de olvidar

Las palabras que estás a punto de leer fueron escritas por una esposa como tú. Beth se había entregado a un hombre cristiano, un pastor, cuya lucha con la pornografía, que eventualmente se llevó a un encuentro sexual, destrozó sus sueños. Estos párrafos son un fragmento de su larga travesía hacia poder perdonar esa traición sumamente íntima.

Beth dice: No era la primera vez en nuestros muchos años de matrimonio que me había traicionado. Me mintió por un par de semanas antes de admitir la verdad. Nos fuimos de la ciudad para poner distancia entre nosotros y la situación y pronto nos dimos cuenta de que nunca regresaríamos a vivir en ese hogar que habíamos construido solo un par de años antes, y donde recientemente habíamos celebrado el segundo cumpleaños de nuestra nieta. De repente estábamos viviendo a miles de kilómetros de nuestra hija que estaba embarazada de siete meses con nuestra segunda nieta. Las consecuencias incomprensivas continuaban dándose sin frenar, y a final de cuentas llevaron a la muerte el sueño que habíamos compartido y por el cual nos habíamos sacrificado profundamente. La culminación fue una violenta expulsión de nosotros y nuestra querida familia de nuestra "tierra prometida". Aquello era más devastador de lo que podía imaginar.

El dolor era muy profundo y me amenazaba con atraparme en una fortaleza endurecida de ofensa, juicio y justicia propia. No sabía dónde poner todos esos sentimientos ni cómo vivir con ellos. Fui tentada a darles rienda suelta en el que me había lastimado, para hacerle sentir tan mal como él me había hecho sentir a mí y a todos los demás.

¿Cómo? … ¿cómo? … ¿CÓMO podía perdonar tan grande ofensa? No solamente era algo muy personal en contra mía en la esencia de mi ser, sino que cargaba consigo consecuencias de un alcance muy grande y de un impacto destructivo en aquellos más cercanos y más queridos para mí.

De la entrañable sanidad y restauración que me trajo la compasión de Dios en mi dolor surgió la compasión en mi corazón para perdonar al causante. Podía quererlo como a otro ser humano, un hermano en Cristo que estaba sufriendo. Podía ver su valor intrínseco, que le había sido otorgado por Dios cuando dio a Jesús para pagar el precio de este pecado y sus

> Aunque estaremos aplicando el perdón a los esposos en los próximos días, tal vez haya alguien que no sea tu esposo a quien tienes que perdonar. Tal vez un novio antiguo que te lastimó o alguien que te victimizó. Por favor, aplica estas preguntas a esa persona a quien el Señor te está pidiendo que perdones.

consecuencias. Yo sabía que él tenía el perdón de Dios. Podía ver que, si no fuera por la gracia de Dios en mi propia vida, soy capaz de lo mismo o aún peor. Podía ver que mi vida no era mía y que tenía que rendir cuentas a mi Señor por la manera en que dirigía mi corazón. No podía dejar que mi alma se endureciera. No podía dejar que esto me derrotara y me definiera. Aunque mi vida parecía un campo de batalla chamuscado y humeante, sorprendentemente, ¡la esperanza aún vivía! Me di cuenta de que al igual que Jesús en la cruz, el camino a la victoria sobre el pecado sería el camino a la sumisión y la obediencia a mi Padre: el camino de misericordia y perdón.

Este versículo fue una de mis fuentes de inspiración: "Antes sed bondadosos unos con otros, misericordiosos, perdonándoos unos a otros, como Dios también os perdonó a vosotros en Cristo" (Efesios 4:32, RV–1995).

Como Dios me perdonó a MÍ en Cristo…

Bajo la sombra de lo que hizo Jesús por mí y por él, la posibilidad de sanar y restaurar nuestro matrimonio se mantuvo viva.

El perdón de Beth costó mucho más que las palabras: "Te perdono". Requirió que ella renunciara para siempre a sus derechos de mantener un registro de lo que el pecado de su esposo le había robado. Cuando Beth escogió perdonar, renunció al poder de recordar las ofensas de su esposo para poder obtener un mayor poder: el poder de olvidar.

¿Guardas una lista de los errores de tu esposo? ¿Estás guardando la lista para usarla en su contra en una acalorada discusión? ¿Usas la lista para recordarte por qué no debes volver a confiar en este hombre? "Me voy a acordar de esto", te dices, y sí lo recuerdas. Dios quiere que olvides tu registro mental de errores.

Un hombre que le estaba contando a su amigo acerca de una discusión que había tenido con su esposa le dijo: "Cómo detesto eso. Cada vez que tenemos una discusión, ella se pone histórica".

El amigo le dijo: "Querrás decir histérica".

"No —insistió—,quiero decir histórica. ¡Cada vez que discutimos ella saca todo lo del pasado y me lo echa en cara!"

Hay poder en guardar una lista. Aferrarse mentalmente a la letanía de las ofensas de tu esposo en contra tuya promete guardarte segura. Pero el poder es una ilusión. En realidad, tu decisión de recordar las ofensas es una decisión de frustrar tu verdadera intimidad. Recordar las ofensas es un acto de tu voluntad, una decisión de no amar, de no perdonar.

La consecuencia gloriosa de no recordar las ofensas es que liberas el pasado y el efecto que tiene en el presente. Depositas tus preocupaciones en Dios y confías en que Él te restaurará los años perdidos. En verdad, como lo ha dicho Ruth Bell Graham, "el matrimonio es la unión de dos buenos perdonadores".

Mateo capítulo 18 tiene mucho que decir acerca del perdón.

♥ 1. Lee Mateo 18:21–35. A continuación las actitudes de Dios hacia ti como se demuestran en este pasaje. Con base en estas actitudes, escribe la actitud correspondiente que debes tener hacia tu esposo y hacia los demás. Hicimos el primer ejemplo para ti.

La actitud de Dios hacia mí	Mi actitud hacia mi esposo
Dios me ha perdonado todo	Necesito perdonar a mi esposo
Dios me ha perdonado una y otra vez	
Dios perdona aun mi peor pecado	
Dios me perdona rápidamente; nunca guarda rencor.	

♥ 2. El perdón de Dios para ti y tu actitud hacia tu esposo son inseparables. ¿Qué dice Dios en Mateo 18 acerca de la persona que recibe el perdón pero que no está dispuesta a perdonar?

_____

_____

_____ ■

Perdonar a alguien no necesariamente significa que regresas a la vida como si nada hubiera pasado. Si un esposo ha sido infiel a su esposa muchas veces, Dios le manda a que lo perdona una y otra vez. Pero perdonarlo no significa que confíe en él completamente. Él tiene que ganarse la confianza que ha perdido.

Yo (Juli) tenía una buena amiga llamada Brenda que era jueza. Brenda no solo era jueza sino que era evangelista. Aprovechaba cada oportunidad que tenía en la sala del tribunal para hablar de Jesús. Después de sentenciar a un hombre o mujer a prisión, a menudo platicaba con ellos acerca del amor y el perdón de Jesucristo.

El que Brenda les hablara del perdón de Dios no tenía nada que ver con la sentencia que dictaba para el delincuente. Una persona que había sido declarada culpable de asesinato, violación o abuso de menores podía recibir el perdón completo de Dios, pero aun así estaba bajo la pena de haber quebrantado la ley. Aún tendría que pasar muchos años probándole a la sociedad que ya no era una amenaza.

Lo mismo se aplica cuando se trata de perdonar a alguien. Existe una distinción entre el perdón y la reconciliación. El perdón es unilateral. Es decir en palabras y en acción:

"Renuncio a mi derecho de guardar rencor". La reconciliación requiere ambas personas y es la restauración de la confianza en una relación.

Romanos 12:18 dice: "…en cuanto dependa de vosotros, estad en paz con todos los hombres" (RV–1995). Tu trabajo es perdonar y estar abierta a la reconciliación.

 3. ¿Cómo crees que sería ofrecer perdón cuando la otra persona no está dispuesta a cambiar?

_____

_____

_____ ∎

El perdón es una decisión secreta, muchas veces solo conocida por tu Abba Padre. Es una decisión que deleita Su corazón.

 4. ¿Estás dispuesta a escribir una oración a Dios diciéndole que no quieres guardar la lista de errores de tu esposo? Pídele Su ayuda y guía al dar este paso.

_____

_____

_____ ∎

DÍA 4
Tiempo de cambiar tu vestuario

Una amiga de Clara Barton, fundadora de la Cruz Roja Americana, en una ocasión le recordó algo especialmente cruel que le habían hecho en años anteriores. Pero la señorita Barton pareció no recordarlo. "¿No te acuerdas de eso?" —le preguntó su amiga.

"No —fue su respuesta—, recuerdo claramente haberlo olvidado".[3]

Nos encanta esta historia de Clara Barton, ya que nos enseña claramente que el perdón es una decisión secreta. Es nuestra oración que hayas visto esto al estudiar la Palabra de Dios esta semana. Pero ¿cómo perdonas? ¿Cómo es en la práctica vivir el perdón después de haber decidido hacerlo?

Vamos a compartir de los versículos lemas, nuestros versículos favoritas acerca del perdón. La afirmación del apóstol Pablo en Efesios 4:31–32 es muy clara: te manda a cambiarte la ropa que llevas.

¡Quítate! "Sea quitada de vosotros toda amargura, enojo, ira, gritos, maledicencia, así como toda malicia" (Efesios 4:31, LBLA).

¡Ponte! "Sed más bien amables unos con otros, misericordiosos, perdonándoos unos a otros, así como también Dios os perdonó en Cristo" (Efesios 4:32, LBLA).

Estos versículos claramente dicen que tienes que escoger entre dos tipos de vestimenta. Un consejo común en el mundo de los negocios es: "Vístete de acuerdo al trabajo que deseas, no de acuerdo al trabajo que tienes". Nosotras te animamos a vestirte de acuerdo al matrimonio que deseas, no al que tienes. Tú escoges quitarte tu vestimenta antigua porque ya no representa en quien te estás convirtiendo.

♥ 1. Lee Efesios 4:31 otra vez. Escribe los seis diferentes tipos de ropa que debes quitarte y escribe tu definición personal para cada una.

_____

_____

_____

_____

_____

_____

_____ ▪

♥ 2. ¿Qué tipo de ropa te cuesta más trabajo "quitarte"?

_____

_____

_____ ▪

Quítate tu antigua manera egoísta y enojada de relacionarte. En su lugar debe haber una renovación espiritual de tus pensamientos y actitudes (nuestra paráfrasis de Efesios 4:23). ¿Y cuál es tu nuevo vestuario? Tres hermosas piezas: amabilidad, misericordia y perdón .

¿Escogerás el vestuario nuevo de Dios? Tiene tonos de amabilidad, misericordia y perdón que hacen que tu color resalte, que tus ojos brillen. Es como una vestimenta de un diseñador de alta moda, hecho especialmente para ti.

♥ 3. Escribe tus tres nuevas vestimentas en Efesios 4:32 y da una definición de cada una.

_____

_____

_____

_____

_____

_____ ∎

♥ 4. ¿Cuál de ellas es la que menos te cuesta "ponerte"?

_____

_____

_____ ∎

♥ 5. ¿Cuál es la que más te cuesta "ponerte"? ¿Por qué piensas que esto es difícil para ti?

_____

_____

_____ ∎

Cuando compras ropa nueva no la guardas en tu clóset. ¡Quieres ponértela y enseñarla! Cuando te pones las ropas de Cristo, lo haces practicando el perdón. Las acciones deliberadas basadas en el perdón ponen la estaca en el suelo, recordándote para siempre lo que has decidido olvidar.

♥ 6. A continuación hay algunas opciones de cómo puedes usar tu nueva vestimenta. Escoge una que puedas hacer esta semana.

Escribe una carta de perdón.

Escribe una carta de perdón o crea una tarjeta por correo electrónico. Puedes llevar a tu esposo a un lugar especial y decirle que lo perdonas.

Como Winston Churchill, deja que tus dedos pidan perdón.

En una fiesta una noche, la señora Churchill estaba sentada en la mesa enfrente del señor Winston, quien movía la mano para arriba y para abajo como si estuviera caminando con dos dedos doblados en los nudillos. Parecía que los dedos caminaban hacia la señora Churchill. Finalmente, la persona sentada al lado de ella le preguntó: "¿Por qué se te queda viendo de esa manera el señor Winston, y qué es lo que está haciendo con los dedos en la mesa?". "Es sencillo —dijo ella—. Tuvimos un desacuerdo antes de salir de casa, y me está diciendo que es su culpa y que está de rodillas rogando que lo disculpe".[4]

Tira la piedra de amargura.

Cuando sientas que tu corazón está aferrándose a la amargura y el enojo, sal afuera y busca un lugar tranquilo, ponte de rodillas y dile a tu Padre lo que Él ya sabe: *Perdóname por no querer dejar esto. Estoy echando fuera el enojo y la amargura hacia mi esposo.* Toma una piedra y nómbrala amargura. Tira la piedra lo más lejos que puedas y dile a Dios que estás deshaciéndote de la amargura.

Intercambia tu enojo por oración.

Stormie Omartian, autora de *El poder de la esposa que ora* (Editorial Unilit), dice: "Algo sorprendente sucede en tu corazón cuando oras por tu esposo. La dureza se deshace. Puedes sobreponerte a las heridas y perdonar. ¡Es milagroso! Sucede porque cuando oramos entramos en la presencia de Dios y Él nos llena con Su Espíritu de amor. Cuando oras por tu esposo, el amor de Dios por él crecerá en tu corazón".[5]

¡Que tu matrimonio en verdad sea la unión de dos buenos perdonadores!

DÍA 5

El lugar secreto: una ofrenda fragante

Esta semana te hemos desafiado a caminar en perdón, tanto en el perdón que tú aceptas a través de Jesús como en el perdón que Él te pide que extiendas a los que te han lastimado. Es nuestra oración que Dios haya hecho un trabajo profundo en tu corazón. Si has dado pasos para convertirte en una mujer marcada por el perdón, no podrás esconderlo por mucho tiempo. La gente a tu alrededor comenzará a oler la fragancia del perdón.

En este mensaje te presentamos a dos mujeres que vivieron con miles de años de diferencia, pero que tenían una cosa en común. Ambas dieron un paso dramático para sellar su decisión de caminar en el perdón a través de una ceremonia de ungimiento. Llegaste a conocer la primera mujer al estudiar Lucas 7.

♥ 1. Lee Lucas 7:38. ¿Qué fue lo que la mujer derramó a los pies de Jesús? ¿Cómo cambió el ambiente en el cuarto?

_____

_____

_____ ∎

Linda compartió contigo la historia de una segunda mujer. ¿Recuerdas el perdón del ungimiento? ¿Puedes imaginarte la fragancia que llenó el cuarto (física y espiritualmente) cuando esta bella mujer ungió a su esposo, cimentando el perdón y la sanidad? El perdón puede ser una forma de adoración que invita el aroma de nuestro Señor a llenar cada rincón de tu vida y hogar.

♥ 2. Lee 2 Corintios 2:14–15. ¿Qué dice este pasaje acerca de la fragancia que Cristo puede derramar a través de nosotros?

_____

_____

_____ ∎

♥ 3. Lee Efesios 5:1–2. ¿Cómo conecta este pasaje la "vida de amor" con una ofrenda fragante de sacrificio a Dios?

_____

_____

_____ ∎

Esta semana tal vez te haya llevado a tomar decisiones difíciles. Tal vez el estudiar el perdón haya resucitado eventos y sentimientos que hace tiempo habías enterrado. El Señor te está mostrando cómo caminar en una libertad mayor a través de la puerta del perdón. Tu decisión de aceptar el perdón y extenderlo a alguien más puede ser muy costosa. Ya sea el sacrificio de derramar el perfume de tu corazón a los pies de Jesús o el sacrificio de ungir a otro con amor inmerecido, tu decisión de perdonar puede ser una ofrenda fragante de adoración al Señor.

♡ 4. Escribe una oración pidiéndole al Señor específicamente que llene tu vida y hogar con la hermosa fragancia del perdón.

_____

_____

_____

_____

_____

_____

_____

_____

_____

_____

_____

_____

_____

_____

_____

_____

PERDONA _____

_____

_____

_____

_____

La prioridad de la pasión

Solo porque escribimos libros sobre el sexo, no supongas que no luchamos por hacer que la intimidad sea una prioridad en el matrimonio. Yo, Linda, nunca olvidaré una llamada de teléfono que recibí que me sorprendió. Una mujer me llamó y me dijo: "No sé cuándo llamarte porque sé lo que tú y tu esposo hacen todo el tiempo". Le comenté a Jody esta conversación. ¿Su comentario? "¡Ya quisiera!"

Así es que no, no hacemos el amor todo el día. Es más, hay ocasiones en que para ambas, la pasión no es una de nuestras prioridades. Un secreto que hemos aprendido:

El deseo de intimidad es resultado de hacerlo una prioridad, no al revés.

Ahora comienza la diversión. Queremos que respondas a un pequeño cuestionario acerca de la pasión para ayudarte a pensar honestamente en dónde está la pasión en tu lista de prioridades.

CUESTIONARIO:

1. Mi esposo y yo tenemos por lo menos dos citas cada mes. Sí ☐   No ☐

2. Muchas veces digo "no" a cosas que valen la pena para decirle "sí" a mi esposo. Sí ☐   No ☐

3. Mi esposo y yo pasamos por lo menos un fin de semana al año solos. Sí ☐   No ☐

4. No tenemos televisión en nuestra habitación. Sí ☐   No ☐

5. Mi esposo y yo hemos hablado de cómo crear más tiempo para la intimidad. Sí ☐   No ☐

CAPÍTULO 9

TEMA:
la prioridad de la pasión es un estilo de vida de amor.

VERSÍCULO LEMA:
"Su paladar, dulcísimo, y todo él deseable. Este es mi amado y este es mi amigo…"
(Cantares 5:16, LBLA).

6. Nuestros hijos saben que nunca deben entrar a nuestra habitación sin tocar (o visitarnos sin llamar antes). Sí ☐ No ☐

7. Mi esposo y yo tenemos un código secreto para pedir intimidad. Sí ☐ No ☐

8. Si pasan varios días sin intimidad, uno de los dos se asegura de mencionarlo cómo preocupación. Sí ☐ No ☐

9. La mayoría de nuestros encuentros sexuales no son "rapiditos". Sí ☐ No ☐

10. Nuestra vida sexual es mejor ahora de lo que era hace un año. Sí ☐ No ☐

¿CÓMO TE FUE?

Sí a más de 8 preguntas—¡Eres lo máximo!

Sí a 5–7 preguntas—Nada mal.

Sí a menos de 5 preguntas—Es hora de que hagas de la pasión una prioridad.

Piensa con nosotras cómo hacer de la pasión una prioridad en tu vida. El diccionario define la prioridad como "precedencia, especialmente establecida por orden de importancia o urgencia". Así es que… ¿qué significa para ti que la pasión con tu esposo debe ser "establecida por orden de importancia o urgencia"? Preguntamos a algunas mujeres qué significaba para ellas "la prioridad de la pasión":

"Significa apartar tiempo para hacer el amor… pero simplemente no es posible. ¡Hay tanto que hacer con el trabajo, los hijos, la casa, TODO!"

"El sexo debe ser una de mis más altas prioridades."

"Me pone a pensar que paso más tiempo preparándole comidas que participando en una relación sexual excitante. Creo saber lo que él preferiría."

"La prioridad de la pasión significa que nuestra vida sexual va más allá de hacerlo rápidito".

"Ponerle un sello de prioridad a tu pasión significa diversión, risa, coqueteo, animarse el uno al otro, explorar la vida juntos y sí, el desnudarse…"

cosas que hacer

1. ser una MSS
2. ser una MSS!
3. ser una MSS!

DÍA 1
Pon la pasión en tu agenda

"Enséñanos a contar bien nuestros días, para que nuestro corazón adquiera sabiduría" (Salmo 90:12).

Marty, una amiga nuestra, tomó estas palabras de Moisés seriamente. Sumó el número de días que le quedarían si viviera hasta los setenta años. Marty tenía treinta y descubrió que los cuarenta años que le faltaban le darían un total de 14.600 días. Puesto que es una persona que logra sus metas, Marty resolvió vivir cada día al máximo. Pero, como la mayoría de nosotras, su entusiasmo solo duró como una semana y luego se olvidó de ello. Cuando volvió a leer el Salmo 90 y contó sus días, ya habían pasado varios años y se asombró al darse cuenta de que solo le quedaban 12.000 días más. *¿Adónde se fueron? ¿Qué hice con esos 2.600 días?*

¿Qué hacemos con nuestros días? Las mujeres de hoy en día corren de un rol a otro por todas partes. La mamá le da de comer a los hijos apurada. La esposa besa a su marido para despedirse. La mamá lleva a los hijos a sus actividades. La maestra, enfermera y administradora corren al trabajo. A la hora del almuerzo, la amiga cristiana ora con una mujer cuyo esposo la acaba de dejar. Luego de regreso a su trabajo de día. La mamá y la esposa preparan la cena. La mamá ayuda con la tarea y acuesta a los niños. La esposa se acuesta en su cama exhausta, esperando no tener que ser amante esa noche.

La intimidad sexual con tu esposo no debe ser un lujo ni una opción solo si ambos tienen suficiente tiempo y energía. No fue diseñada para ser únicamente "el deber de la esposa". Si quieres que tu vida amorosa sea algo que esperas con alegría, esa prioridad tiene que estar reflejada en tu agenda.

♥ 1. Con base en tus respuestas al cuestionario de la pasión, ¿cuál crees que es la barrera más grande para hacer que la pasión sea una prioridad en tu agenda?

_____

_____

_____ ■

Los instructores de cursos sobre administración del tiempo a menudo hablan del peligro de permitir que lo "urgente" se anteponga a lo "importante". Aunque la pasión en tu matrimonio es importante, tal vez no sea urgente. Lo puedes posponer por semanas y meses mientras atiendes a situaciones más urgentes, como un hijo enfermo, una lavadora dañada, una fecha de entrega en el trabajo o alguna tarea o proyecto de la escuela. Mientras tanto, la chispa que tú y tu esposo una vez disfrutaron lentamente se disipa.

No puedo dejar de pensar hasta que todo en la casa esté hecho. Una vez que acuesto a los niños, mi mente pasa a los platos sucios, luego tengo que organizarlo todo para mañana y también sacar la ropa limpia de la secadora que se va a arrugar al menos que la doble ahora.—Tori

Tal vez la ropa y los platos estén limpios y Tori se sienta lista para mañana, pero ¿qué le está pasando a su matrimonio mientras ella continuamente dice "sí" a lo urgente a costa de lo importante?

♥ 2. ¿Qué cosas "urgentes" pero no esenciales escoges muchas veces en vez de invertir en la pasión en tu matrimonio?

_____

_____

_____ ■

💙 3. Describe por qué la pasión es una parte importante de tu vida pero no urgente.

_____

_____

_____

_____

_____ ▪

DE CERCA CON
Linda

💙 4. En el Salmo 90:12, Moisés le pide al Señor que le enseñe a recordar que su vida es pasajera para poder vivir sabiamente. Hoy, quisiéramos que contaras tus días. Por supuesto, a ninguno de nosotros se nos garantiza ni siquiera un día más. Pero suponiendo que tú y tu esposo vivirán hasta los setenta, ochenta o aun noventa años, ¿cuántos días te quedan para ser esposo y esposa?

_____

_____ ▪

💙 5. Si fueras a vivir el resto de tus días respondiendo a lo urgente de la vida y descuidando la prioridad de la pasión, ¿de qué cosas te arrepentirías al final de tus días?

_____

_____

_____ ▪

Al mirar atrás en casi 50 años de matrimonio me siento llena de agradecimiento a Dios. Él grabó en mi corazón que la intimidad con Jody necesitaba ser una prioridad en mi estilo de vida. ¿Lo hice perfectamente cada año de nuestro matrimonio? Claro que no. Pero constantemente tomaba decisiones secretas para hacer de la pasión una prioridad. No me arrepiento de haber pasado una tarde haciendo el amor con mi esposo en vez de limpiar una casa desordenada. No me arrepiento de tratar vez tras vez de pasar un fin de semana a solas con mi esposo cuando parecía que era mucho trabajo. No me arrepiento de tragarme la vergüenza y hacer o decir algo que mi esposo me pidiera que intentara porque su cara se iluminaba de placer.

Una manera de hacer de la pasión una prioridad es ponerlo en tu agenda. Tal vez estés pensando: *¿Planear el sexo? ¡Qué aburrido!*. No tiene que ser así. Es más, el sexo planeado puede ser aún mas emocionante porque te da tiempo para prepararte y planear. Veamos el ejemplo de Tim y Carey. En sus calendarios hay días encerrados en un círculo con pluma roja que les recuerdan sus citas urgentes de pasión. Carey dice que la espera y los mensajes de correo electrónico ("¡No olvides nuestra importante reunión de hoy a las 6:40 p.m.!") hacen que la relación sexual planeada sea aún mejor que la espontánea. Así es que inténtalo, tal vez te guste.

DE CERCA CON Juli

Mi vida es muy ocupada. Hijos, trabajo, casa, ministerio … He luchado a través de los años para saber cómo equilibrarlo todo y al mismo tiempo hacer que la pasión en mi matrimonio sea una prioridad. No es que no ame a Mike o que no disfrute de nuestra relación. Simplemente no tenía ni el tiempo ni la energía. Durante unos cuantos años de nuestro matrimonio, empecé a temer nuestra intimidad por considerarla una tarea más. Estaba en el mismo lugar que lavar los platos o sacar la basura. Se había convertido en una tarea más que tenía que hacer. La intimidad con mi esposo ya no es así. ¿Qué cambió? Francamente, mucho. Uno de los cambios más grandes fue ir aprendiendo que ser la "amante" de mi esposo no es solo otro rol más para mí. No es solo una cosa más que tengo que malabarear o una responsabilidad más que tengo que asumir al final del día. Es un estilo de vida que es resultado del desborde de mi amor por Dios. Les conté cómo Dios me instigó a iniciar la relación sexual con mi esposo mientras estaba leyendo mi Biblia en mi lugar secreto con el Señor. Esto me ha sucedido muchas veces. Dios me pidió que pusiera mi Biblia a un lado y que pusiera mi devoción a Él en acción. Una vez que empecé a entender que mi actitud hacia la pasión era importante para Dios, lo hice una prioridad en mi manera de pensar y en cómo afrontaba mi matrimonio. Tomó algo de tiempo para que esto penetrara mis sentimientos, ¡pero a la larga sucedió y todo cambió!

DÍA 2
Pon la pasión en tu mente

La habilidad de disfrutar imágenes mentales puede ser utilizada para expandir y disfrutar todos los aspectos de tu vida, incluyendo hacer el amor".[1]

¿Sabías que tu mente es, por un amplio margen, tu órgano sexual más importante? El Dr. Douglas Rosenau, teólogo y terapeuta sexual cristiano, dice: "El sexo es 80% imaginación y mente y 20% fricción".[2] Tu mente es el centro de control de tus sentimientos sexuales.

Para muchas esposas, el obstáculo más grande para disfrutar de un encuentro sexual es que no pueden preparar la mente para ello. Después de un día de andar corriendo de una exigencia a otra, pensar en la pasión simplemente suena imposible.

Ponte a pensar. ¿Cuándo fue la última vez que decidiste hacer de la pasión una prioridad? ¿Tu aniversario o tal vez tus últimas vacaciones? Queremos ayudarte a que te des cuenta de que la pasión puede ser una prioridad recurrente en tu mente.

♥ 1. Busca Romanos 12:2. Escríbelo en tus propias palabras.

_____

_____

_____

_____

_____

_____

_____

Nos encanta la versión de la Nueva Traducción Viviente de este versículo:

…dejen que Dios los transforme en personas nuevas al cambiarles la manera de pensar.

Ahora aplícalo: ¡deja que Dios te transforme en una nueva esposa al cambiar tu manera de pensar! Hemos pasado semanas en este estudio trabajando para sacar de tu mente la basura acerca del sexo. Ahora es tiempo de plantar algo pensamientos positivos de la MSS.

El primer paso para renovar tu mente es poner la Palabra de Dios en ella. Memorizar la Palabra de Dios pone tu mente en las cosas que Dios desea. Cynthia Heald lo dice de esta manera: "Memorizar la Palabra de Dios incrementa el vocabulario del Espíritu Santo en tu mente ".[3] ¡Y necesitas el vocabulario del Espíritu Santo para crecer y hacer de la pasión una prioridad!

Casey tomó Proverbios 5:19 y escribió esta oración personalizada.

Dios, gracias porque dices que debo ser como una gacela hermosa y amante para mi esposo, que mis pechos deben satisfacerle en todo tiempo. Dios, enséñame a ser una amante sensual y creativa para él, a usar mis pechos, mi cuerpo, para darle placer. Quiero que él se embriague y se alegre con mis aptitudes como amante.

Es nuestra oración que te tomes en serio lo de memorizar y meditar en la Palabra de Dios porque cuando lo haces, brotan en tu mente nuevos patrones de pasión. Y al irse infiltrando la Palabra de Dios en tu corazón, empezarás a actuar diferentemente. ¡Empiezas a actuar apasionadamente!

Vemos a la novia joven de Cantares usando su mente para alistar su cuerpo para el encuentro sexual. Salomón y su esposa acababan de reñir acerca del sexo. Él vino después de la medianoche para hacer el amor y ella lo rechazó. (Suena como que sucedió hoy…) Salomón salió apurado y la MSS se sintió culpable. ¿Qué hizo ella? Empezó a pensar en el cuerpo de su esposo… su cuerpo desnudo y excitado.

DE CERCA CON Linda

¿Cómo he transformado mi mente? El matrimonio de mis padres terminó en divorcio porque mi papá era un alcohólico abusivo. Yo tenía basura en mi mente por mi vida familiar y por algunas decisiones equivocadas que tomé en la universidad. Como nueva creyente y nueva esposa, quería que mi mente estuviera llena de la verdad de Dios acerca de la pasión. Así es que memoricé muchos versículos y pasajes acerca del tipo de amante que quería ser. Un pasaje que cimenté en mi mente fue Proverbios 5:15–19. Lo memoricé, luego medité en él y le pedí a Dios que le diera vida en mí. Enseguida personalicé el pasaje diciéndoselo a Dios en una oración. Mi oración fue algo así:

Dios, gracias por la imagen hermosa del agua. Dices que Jody debe venir a mi cuerpo para llenarse, que mi amor sexual debe ser como agua refrescante y fresca para un hombre sediento. Me encanta esto, Señor, y quiero ser fiel a ello… Quiero ser una fuente de bendición para Jody. Anhelo que él se embriague con mi amor sexual. Oh Señor, haz que Tu Palabra sea mi realidad. ¡Anhelo ser una amante cautivadora!

2. Lee Cantares 5:10–16.

El autor de *Intimate Allies* [Aliados íntimos], que es un erudito del Antiguo Testamento, dice lo siguiente acerca de la naturaleza del pensamiento de la MSS. "Después de comentar acerca de sus brazos fuertes, ella entonces describe una parte de su cuerpo como marfil pulido. La mayoría de las traducciones en inglés titubean en este versículo. El hebreo es bastante erótico, y la mayoría de los traductores no puede describir el significado obvio. El claro y liso marfil adornado es una descripción amorosa del pene erecto de su esposo".[4]

¿Te escandaliza que Dios incluya en Su Santa Biblia la imagen de una esposa imaginándose el cuerpo desnudo y excitado de su esposo? (Nota la palabra importante, *esposo*). Dios no solamente te da permiso para que pienses en el cuerpo de tu esposo, sino que ¡te anima a hacerlo!

¿Cómo uso (Linda) mi mente para cambiar mi cuerpo y que se aliste para un encuentro sexual? Guardadas en mi mente hay casi cincuenta años de recuerdos sexuales con Jody, una guarida de tesoros. Cuando el sexo es lo último en mi mente pero está muy presente en la de él, saco los recuerdos y reflexiono en: un momento de gran intimidad. Un momento de mucha risa y diversión. Un momento de placer exquisito.

 3. ¿Qué específicamente ayuda a que tu mente se enfoque en ser apasionada con tu esposo?

_____

_____

_____ ∎

Una esposa inteligente dijo que cuando su corazón, mente y cuerpo estaban a millones de kilómetros de hacer el amor, ella realizaba una pequeña ceremonia de prender muchas velas en su habitación. A la quinta vela, su mente y su corazón habían sido transformados.

Vela 1: *Señor, por favor enciende un fuego en mi mente para mi esposo.*
Vela 2: *Señor, enciende un fuego en mi corazón por él.*
Vela 3: *Oh Señor, enciende un fuego en mi cuerpo… mi cuerpo está muerto.*
Vela 4: *Mi Señor, recuérdame todas las razones por las que lo amo.*
Vela 5: *Señor, gracias que yo soy de mi amado y su deseo es para mí.*

DÍA 3
Pon pasión en tu cuerpo

Tú conoces los votos matrimoniales tradicionales. Pero seguramente no conoces esta porción de un antiguo voto matrimonial anglicano. Un amante le decía al otro:

Con mi cuerpo a ti te alabo
Mi cuerpo te adorará
Solamente tu cuerpo apreciaré
Con mi cuerpo, yo declararé tu valor.[5]

Estas palabras son hermosas. Es como si el cuerpo de la novia fuera cubierto con santidad, pero una novia del siglo XXI se reiría si dijera: "Mi cuerpo te adorará". Nosotras pensamos que tal vez sí, ya que las mujeres tenemos problemas para pensar cosas positivas acerca de nuestro cuerpo.

Queremos comenzar la lección de hoy haciéndote una pregunta.

♥ 1. ¿Qué tan importante piensas que es tu cuerpo para la satisfacción sexual? ¿Por qué?

_____

_____

_____ ▪

Tu cuerpo es la "herramienta" principal a través de la cual das y recibes placer sexual. Hemos conocido muchas mujeres para quienes las situaciones relacionadas con el "cuerpo" eran el obstáculo primordial a una gran vida sexual. Aquí damos algunos ejemplos:

"Es que no puedo sentirme sexy con mi esposo por la manera en que me veo. Cada vez que mi esposo me quiere tocar, me siento muy cohibida por mi peso. No puedo hacer el amor con las luces prendidas porque lo único que puedo pensar es en el rollo que tengo alrededor de la cintura".

"Nunca me he sentido sexy porque mis pechos son pequeños. Me da vergüenza admitir que a menudo, durante la relación sexual, tengo fantasías imaginándome que mis pechos son grandes. Mi esposo dice que mi cuerpo le place, pero yo no le creo".

"Mi esposo critica mucho mi apariencia desde que tuvimos hijos. No puedo bajar el peso que aumenté en mis embarazos. Él quiere que regrese a ser una talla 4 y siempre me lanza indirectas acerca de que necesito hacer ejercicio".

Los comentarios de estas mujeres representan mucho dolor. La mayoría de las mujeres puede identificarse con las inseguridades y frustraciones expresadas aquí. Ya seas alta o baja, delgada o llena, oscura o blanca, probablemente haya algo que no te guste acerca de tu cuerpo. ¡Aun la hermosa Mujer Supersexy tenía problemas con su imagen y su cuerpo!

♥ 2. Parafrasea Cantares 1:5–6.

_____

_____

_____ ▪

La MSS se sentía insegura acerca de su cuerpo, igual que tú. Pero algo pasó que cambió esa inseguridad en libertad. Como has leído en el Cantar de los Cantares esta semana, has visto que la MSS mostró su cuerpo para que lo contemplara su esposo. Él habla de sus pechos una y otra vez (Cantares 4:5; 7:3; 7:7). De alguna manera se convirtió en una amante confiada, segura de que su cuerpo podía cautivar a su esposo. Cantares no nos dice cómo sucedió, pero tenemos unas cuantas ideas.

DE CERCA CON Juli

"**Después de dar a luz a tres niños de cuatro kilos,** mi abdomen ya no es lo que antes era. No estoy exagerando cuando digo que parece una bolsa de papel arrugada. Justo el otro día, uno de mis niños vio mi estómago y se hizo para atrás con una expresión de horror como si fuera yo Gollum de *El Señor de los anillos.* A mi esposo le encantaba mi estómago. Érase una vez que él me elogiaba como Salomón por lo plano y perfecto que era. Naturalmente, mi abdomen se volvió una fuente de inseguridad para mí. No quería que Mike me viera ni me tocara el abodmen durante la intimidad. Una vez se lo dije a Mike; él besó mi abdomen arrugado y dijo: 'Me encanta tu abdomen con todo y marcas. Es el que cargó a nuestros tres hijos'. Yo podía aceptar su afirmación o aferrarme a mi inseguridad".[7]

La MSS escogió creer los piropos de su esposo. A lo largo de Cantares, vemos que Salomón describe con lujo de detalle cómo ama el cuerpo de su esposa. En vez de discutir con él, ella recibe las alabanzas con gratitud. Una esposa puede cumplir su propia profecía al hablar siempre de manera negativa de su cuerpo e incluso refutar los elogios de su esposo. Cada vez que su esposo dice algo lindo acerca de su cuerpo, ella lo refuta con comentarios negativos como: "¿En serio? ¿Cómo es que me encuentras deseable? ¿Has visto qué gorda estoy?". Con el tiempo, él deja de elogiarla.

♡ 3. ¿Cómo respondes cuando tu esposo te halaga a ti o a tu cuerpo?

_____

_____

_____

_____

_____ ∎

También creemos que la MSS tomó la decisión de no pensar tanto en las defectos de su cuerpo, sino en cómo usar su cuerpo hábilmente para darle a su esposo un éxtasis embriagador. Ella se dio cuenta de que su cuerpo podía hacer más que darle algo que ver a su esposo. También le podía dar un gran placer. La MSS era inteligente. Carolyn también lo es.

Carolyn, una esposa que ha estado casada por cuarenta años, capturó su libertad así: "Mis pechos me cuelgan, tengo varices y un abdomen grande por mis tres bebés. Pero; al ir decayendo mi cuerpo, mi experiencia como amante ha aumentado! Yo creo que mi querido esposo aún ve mi cuerpo como antes era por el placer que recibe de él".

Escucha con atención… ¡esto es importante!

¡No es lo que tienes sino lo que haces con lo que tienes!

¿Entendiste? Léelo otra vez. ¡Es en verdad *muy* importante!

♥ 4. Echa un vistazo al SOS y da algunos ejemplo de cómo la Mujer Supersexy deleitaba a su esposo con su cuerpo.

_____

_____

_____ ∎

♥ 5. ¿Tomarás una decisión secreta ante Dios de decirle "no" a tu inseguridad acerca de tu cuerpo y "sí" a deleitar a tu esposo con tu cuerpo? Escribe tu decisión secreta a Dios en tu diario.

_____

_____

_____ ∎

DÍA 4
Un intercambio de regalos

En la sesión hablamos acerca de dar tu cuerpo como regalo a tu esposo. Te reíste de Kathy y cómo ella se envolvió en un moño para cumplir 1 Corintios 7:4. Tal vez te atragantaste al reír. Piensa en las diferentes emociones que sientes cuando le das a alguien un regalo. Has comprado y has ahorrado para algunos. Estás muy emocionada de darlo porque SABES cuánto le va a encantar a la persona. ¡Es el regalo perfecto! Piensas: _¡Ábrelo ya! ¡Estoy loca por ver tu cara! ¡Te vas a poner tan feliz cuando veas lo que te conseguí!_.

Sin embargo, existen otros regalos. Como la vez que se te olvidó el cumpleaños de alguna amiga y buscaste por toda la casa algo que darle, solo para no llegar con las manos vacías. Hiciste poco esfuerzo o pensaste poco en el regalo y hasta te disculpaste cuando lo entregaste. "Es algo pequeñito". Lo que en realidad estabas pensando era: _No te ilusiones. Por favor, ni siquiera digas gracias por obligación, ya que sé que no te va a gustar._

♥ 1. Aquí te va una pregunta difícil. Si ves tu cuerpo como un regalo que le das a tu esposo, ¿qué tipo de "regalo" es? Pon en palabras lo que estás pensando cuando das este regalo.

_____

_____

_____ ∎

♥ 2. ¿Qué tipo de regalo te gustaría darle a tu esposo?

_____

_____

_____ ■

¡No tienes que tener un cuerpo perfecto para darle a tu esposo un regalo que a el LE ENCANTARÁ! Es más, la mayoría de las mujeres que se obsesionan por tener un cuerpo perfecto no son buenas amantes. ¡Pasan mucho más tiempo pensando en sí mismas que en cómo complacer a sus esposos! Demasiado enfoque en la apariencia física es orgullo e inseguridad, no una actitud servicial y de autoconfianza.

Es hora de hacerte una pregunta importante. ¿Le has dado a tu esposo tu cuerpo como regalo?

♥ 3. Escribe I Corintios 7:3–5 aquí.

_____

_____

_____

_____

_____ ■

Este importante pasaje le enseña a cada esposo y esposa por qué Dios dice que la pasión debe ser una prioridad en el matrimonio. En el versículo 3 ves el principio de la necesidad. Tanto los esposos como las esposas tienen necesidades sexuales. La Palabra de Dios *manda* —no *sugiere*— que satisfagamos las necesidades sexuales de nuestro cónyuge.

♥ 4. ¿Por qué crees que Dios manda a una esposa a que satisfaga las necesidades sexuales de su esposo?

_____

_____

_____ ■

En el versículo 4 ves el principio de la *autoridad.* ¿Ves la hermosura del intercambio de regalos? Cada pareja renuncia su derecho a su propio cuerpo y entrega su autoridad al otro. Este intercambio de regalos es algo hermoso. El *Bible Knowledge Commentary*

[Comentario del conocimiento bíblico] dice lo siguiente acerca de 1 Corintios 7:3–4: "Pablo destacó la igualdad y reciprocidad de la relación sexual del esposo y la esposa enfatizando las responsabilidades de cada uno de satisfacerse el uno al otro".[6] Nos gustan las palabras *igualdad* y *reciprocidad*, ya que eso se trata la intimidad sexual en el matrimonio.

💜 5. ¿Qué significa para ti tener autoridad sobre el cuerpo de tu esposo y que él tenga autoridad sobre el tuyo?

_____

_____

_____ ▪

En el versículo 5 ves los principios del *hábito*. La satisfacción sexual no solo debe suceder en las vacaciones, en tu aniversario o cuando tienes suficiente energía. Está diseñada para que sea una parte regular de tu matrimonio.

💜 6. ¿Qué razones ves en el versículo 5 para abstenerte de hacer de la pasión una prioridad?

_____

_____

_____ ▪

Que una esposa entregue la autoridad de su cuerpo a su esposo es decir:

Te encomiendo mi cuerpo; ya no es mío, sino tuyo.

Entrego mi cuerpo libremente como instrumento para dar y recibir amor.

Soy para siempre solo tuya, toda yo.

Puedes ser creativa en cómo escoges darle a tu esposo el regalo de tu cuerpo.

Melody sorprendió a su esposo sobremanera cuando ella le presentó su cuerpo con un moño morado en su vigésimo aniversario. ¡Le encantó la sorpresa!

Deborah se puso su vestido de novia y dijo: "Vamos a comenzar de nuevo… lo quiero hacer bien".

Janeen creía que ponerse un moño era demasiado para ella, así que se puso uno pequeño en el camisón.

Jessica planeó todo un fin de semana romántico que incluía hermosa música, velas y una caminata a lo largo del río. El menú de comida especial deleitó sus paladares y el postre era Jessica, ¡envuelta con una cinta cubierta de chocolate!

Pídele al Señor que te muestre tu manera especial, individual y creativa de dar tu cuerpo como regalo a tu esposo.

DÍA 5

El lugar secreto: ofrece un sacrificio de gratitud

Nos gustaría saber si las preguntas que te hicimos esta semana te cansaron? Pon pasión en tu calendario. Pon pasión en tu mente en y tu cuerpo, y prepara el escenario para la pasión. Mira atrás a los primeros cuatro días de estudio y pregunta: "¡Señor, y si esto es difícil para mí?". Tal vez sean cuestiones de la imagen de tu cuerpo, o simplemente no querer hacer de la pasión una prioridad.

¡Si tu esposo fuera más comprensivo, más divertido, más apasionado, más *cualquier cosa,* no tendrías que trabajar tanto en la pasión!

Estamos seguras de que tu esposo debería ser muchas cosas que no es, pero sabemos, y tú también sabes, que solo puedes tomar decisiones por *ti.* Cuando vayas al lugar secreto, ¿tomarás la decisión correcta de ofrecer un sacrificio de agradecimiento?

🖤 1. Escribe el Salmo 50:14–15 aquí. ¿Qué aprendes acerca de un sacrificio de agradecimiento en estos versículos?

_____

_____

_____

_____

_____

_____ ∎

🖤 2. Escribe el Salmo 50:23 aquí. ¿Qué información adicional te da esto?

_____

_____

_____

_____

_____

_____ ∎

Muchas de nosotras necesitamos dar gracias por el cuerpo en el que vivimos. Otras solo tienen que agradecer a Dios que tienen un esposo por quien darle gracias. Pero algunas esposas dicen: "Me siento falsa agradeciendo a Dios cuando en verdad no me siento agradecida". El Dr. John Mitchell, cofundador de la Universidad de Multnomah, responde a eso de la siguiente manera: "Dar gracias cuando en verdad no lo sientes no es hipocresía; es obediencia".[8]

♥ **3. Parafrasea Hebreos 13:15 aquí. ¿Qué palabras resaltan para ti en este versículo?**

_____

_____

_____ ■

En Hebreos 13:15, el agradecimiento y la adoración están ligados como sacrificio. Nos encanta lo que Merlin Carothers dice acerca de esto:

> He llegado a creer que la oración de adoración es la forma de comunicación más elevada con Dios y siempre libera mucho poder en nuestra vida. Adorar no es algo que hacemos porque nos sentimos bien; más bien es un acto de obediencia. Muchas veces, la oración de adoración se hace con mucha fuerza de voluntad y a regañadientes; sin embargo, cuando persistimos, de alguna forma el poder de Dios se libera dentro de nosotros y en nuestra situación.[9]

Así es que déjanos preguntarte: ¿Necesitas que se libere el poder de Dios en tu intimidad sexual?

"Necesito que el poder de Dios tome control de mi mente que tanto necesita renovarse".—Wendy

"Necesito el poder de Dios para cambiar mi mala actitud acerca de hacer de la pasión una prioridad".—Shelly

"Necesito desesperadamente que el poder de Dios me dé una nueva imagen de mi cuerpo. Odio mi cuerpo".—María

Amiga, ¿qué necesitas?

♥ **4. ¿Escribirás una carta honesta a Dios pidiéndole Su ayuda en tu necesidad? Escríbela aquí o en tu diario.**

_____

_____

_____

_____

_____ ■

 5. Escribe una oración a Dios expresando tu sacrificio de agradecimiento a Él.

_____

_____

_____

_____ ∎

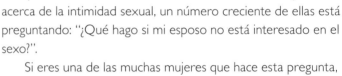

Día adicional

Si tu deseo sexual es mayor que el de tu esposo

Tal vez el tema de esta semana sea doloroso para ti. A ti te encantaría hacer de la pasión una prioridad, pero tu esposo nunca lo hace. Mientras enseñamos a las mujeres

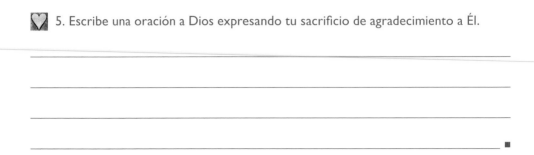 acerca de la intimidad sexual, un número creciente de ellas está preguntando: "¿Qué hago si mi esposo no está interesado en el sexo?".

Si eres una de las muchas mujeres que hace esta pregunta, tal vez te cuestiones qué hay de malo en ti, y por qué tu esposo no parece sentirse atraído a ti. Tal vez hasta cuestiones tu feminidad y sexualidad. Tal vez hasta te preguntes si tu deseo sexual es anormal. Algunas mujeres parecen decididas a evitar el sexo; ¿hay algo malo en ti si en realidad lo deseas?

Otros días, tal vez cambias de vergüenza a culpa, y te enojas con tu esposo por su aparente inhabilidad o indiferencia por llenar tus necesidades de amor, afirmación y satisfacción sexual. Desesperadamente quieres que tu esposo te ame y te abrace. Su desinterés se siente como un rechazo total de quién eres como esposa y como mujer.

Si esto describe tu matrimonio, esperamos que esta tarea adicional sea una fuente de ánimo y ayuda para ti.

A lo largo de _En busca de la pasión_ has aprendido que todas las parejas tienen sus desafíos en la habitación. Algunas tienen que batallar con las heridas del abuso sexual o volver a construir la confianza debido a decisiones del pasado. Otras tiene problemas físicos que hacen que la relación sexual sea dolorosa o imposible. A lo largo de este curso te hemos animado a desarrollar habilidades que te ayudarán a lidiar con muchos de estos problemas, incluyendo el desafío de un esposo que no está interesado en el sexo.

Llévalo al Señor

A Dios le importa tu relación sexual con tu esposo. Él conoce íntimamente los desafíos a los que te enfrentas, el rechazo que sientes y los temores que anidas. Pero tal vez no te has sentido libre de expresárselas a Él y pedirle Su sabiduría.

♥ 1. Exprésale tus sentimientos al Señor en este espacio (o en tu diario) acerca de cómo te ha afectado la falta de interés de tu esposo en la intimidad sexual. Pídele a Dios Su fuerza y sabiduría para saber cómo lidiar con este reto de una manera que edifique tu intimidad.

_____

_____

_____

_____

_____

_____

_____ ∎

Quita la vergüenza

Hay muchas, muchas parejas que están en tu misma situación. No compliques la situación apilando culpa y vergüenza. Tú y tu esposo *no* son anormales. Cada pareja tiene sus desafíos, y sucede que este es el tuyo. Asegúrate de que tú actitud y comunicación sobre este tema no estén cargados de culpa (hay algo que no está bien en ti) o vergüenza (hay algo que no está bien en mí).

♥ 2. ¿Alguna vez te has sentido avergonzada porque tienes necesidades sexuales que tu esposo no está satisfaciendo?

_____

_____

_____ ∎

♥ 3. Esta semana en otras partes de este estudio estudiamos las enseñanzas de Pablo en 1 Corintios 7:3–4. ¿Qué dice este pasaje acerca de tus necesidades sexuales?

_____

_____

_____ ∎

Trabajen juntos para eliminar los obstáculos

Existen muchas razones por las que un hombre puede tener un deseo sexual bajo o evite la relación sexual. Es esencial identificar si existen situaciones no aparentes que se puedan resolver. Si tu esposo desea la relación sexual menos de una vez por semana, considera las siguientes posibles razones:

- Problemas físicos, como enfermedad de la tiroides, bajos niveles de testosterona, medicamentos que interfieren con el deseo o el funcionamiento sexual, obesidad o cansancio extremo.

- Barreras emocionales, como la depresión o el estrés crónico. El abuso sexual también puede ser un motivo escondido para un hombre que evade la intimidad.

- Temor de fracasar. Considera que muchos hombres evitan la relación sexual con sus esposas por el temor a fracasar.

- Dinámica en la relación. En algunos casos, un hombre que se siente muy pasivo en su matrimonio también lo será sexualmente. Si tiendes a ser dominante y controladora emocionalmente podrías afectar cómo tu esposo te responde sexualmente.

- Otras actividades sexuales. Si un hombre está involucrado en la pornografía o en cualquier otra actividad sexual, es probable que se le haga difícil responder sexualmente a su esposa. La pornografía ofrece gratificación instantánea a material muy erótico, mientras que la relación sexual conyugal requiere paciencia y autocontrol. Es importantísimo eliminar este obstáculo para establecer una relación sexual saludable con tu esposo. Otra razón por la cual tu esposo tal vez no esté interesado en las relaciones sexuales es alguna confusión sobre su propio sexo o una orientación homosexual. Obviamente, esto presenta un problema muy doloroso y difícil que tiene ramificaciones para muchos aspectos de tu matrimonio. Si sospechas que este tal vez sea el problema, busca ayuda profesional y guía espiritual.

Busca maneras de conectar íntimamente

Exprésale a tu esposo tu deseo de cercanía con él, en el contexto de querer entender cómo le afecta tu deseo de una relación sexual. Tal vez tú y tu esposo hayan experimentado rechazo continuo. Tú inicias o le insinúas que quieres intimidad y él te rechaza. Te enojas y lo evades. Si estás en este círculo, trabaja para encontrar maneras de conectar con tu esposo en formas a las que probablemente responda. Por ejemplo, si él tiene temor al fracaso, aprende a participar en el toque sexual que no necesariamente termina en hacer el amor. Déjale saber que te puede complacer sexualmente de muchas maneras. Si tiendes a ser la dominante en tu relación, piensa en cómo conectar con él de maneras que edifiquen su confianza emocional.

♥ 4. Menciona algunas maneras de acercarte a tu esposo íntimamente sin repetir el patrón de rechazo.

_____

_____

_____

_____

_____

_____ ∎

Considera cómo convertirte en una amante servicial

¿Recuerdas el desafío en la semana cinco de volverte una amante servicial por medio de las diferencias entre los dos? Dios se preocupa por tus necesidades sexuales y de la intimidad en tu matrimonio. Pero también se preocupa por el tipo de amante en que te estás convirtiendo. Una diferencia en el deseo como el de ustedes dos puede ser campo fértil para que el resentimiento y la amargura crezcan. También puede crear muros de culpa que impiden que tú y tu esposo compartan otros tipos de intimidad, como hablar y divertirse.

♥ 5. ¿Cómo piensas que el Señor podría usar tu situación única para enseñarte a amar como Él ama?

_____

_____

_____

_____

_____ ∎

Cómo convertirte en una Mujer Supersexy

Este es el capítulo que has estado esperando y por el que has estado trabajando tanto: ¡cómo convertirte en una Mujer Supersexy! Has perseverado fielmente durante diez semanas de enseñanza y tareas porque tienes un deseo. Te has propuesto hacer lo que sea necesario para mejorar la intimidad sexual en tu matrimonio.

Entonces ¿cómo pasas de una relación sexual mediocre a una superemocionante? No eres la única mujer que hace esta pregunta: ¿has notado cuántas revistas de las que venden en los supermercados publican en la primera plana consejos sexuales? Estas revistas están dirigidas a las mujeres.

Si estás buscando ayuda, puedes pasar por alto esas revistas para mujeres y las novelas románticas. Esas tal vez te ofrezcan unas cuantas sugerencias para obtener un placer inmediato, pero a la larga, te roban la intimidad auténtica que tu corazón anhela. Dios te ha dado Su recurso inspirado, el Espíritu Santo.

Tu Gran Dios, tu Rey, el Amante de tu Alma, desea tomarte cuidadosamente de la mano y guiarte a ti, Su hija amada, a todo lo que significa que *tú* te conviertas en una Mujer Supersexy. Esperamos que estas últimas nueve semanas te hayan mostrado la importancia que Dios le da a la búsqueda de la pasión. Él no solo te da permiso para ser una esposa apasionada, sino que se agrada al ver que buscas convertirte en una Mujer Supersexy para tu esposo. Como hemos dicho a lo largo de este estudio, la búsqueda de la pasión en el matrimonio es una parte importante del hermoso regalo de la sexualidad que debemos reclamar del enemigo.

El estudio de esta semana será diferente al de las semanas pasadas. Cada semana has estudiado la Palabra de Dios en tu hogar y has pensado en cómo aplicarla a tu matrimonio. Has debatido ideas y preguntas con las mujeres en tu pequeño grupo de estudio. Esta semana, lo que descubras será solamente entre tú y tu esposo. Es hora de que tomes lo que has aprendido y lo apliques a la intimidad en tu matrimonio.

CAPÍTULO 10

TEMA:
Dios quiere que te conviertas en una Mujer Supersexy

VERSÍCULO LEMA:
"Yo soy de mi amante, y mi amante es mío…"
(Cantares 6:3, NTV).

DÍA 1
Creatividad: del tipo de la MSS

Una de las cosas más obvias que podemos aprender de la MSS es que la relación sexual no era aburrida en su matrimonio. ¡Era creativa! Usaba su imaginación para que la intimidad en su matrimonio fuera emocionante. Su creatividad incluía planear un escape divertido para ella y su esposo.

♥ 1. Lee Cantares 7:11–13 y parafraséalo aquí.

_____

_____

_____

_____

_____

_____ ∎

♥ 2. ¿Qué crees que quiso decir la MSS cuando le dijo a su esposo que tenía nuevos y añejos frutos guardados para su amor?

_____

_____

_____ ∎

♥ 3. ¿Qué tipo de "aventura" sexual estaba proponiendo?

_____

_____

_____ ∎

¿Estamos sugiriendo que busques un bosque, un huerto o un viñedo y planees una cita amorosa con tu esposo? No exactamente. Estamos sugiriendo que Dios te dio la imaginación por alguna razón. Él no quiere que la intimidad en tu matrimonio se vuelva aburrida y predecible. La creatividad eres _tú_ preguntándole a Dios cómo es la intimidad en tu matrimonio singular. Eres tú pensando fuera de la norma, orando, leyendo y esperando en Dios.

Creatividad con los pequeños

Cuando nuestro tres hijos eran pequeños y el mayor tenía tres años, esta mamá estaba *muy* cansada y no me sentía creativa. Para cuando había yo terminado con todo y era hora de acostarnos, la pasión era en lo que menos estaba pensando. Yo sabía que no podía poner el sexo en una repisa hasta que los niños fueran mayores, así es que le pedí a Dios que me enseñara cómo ser creativa, y Él puso esto en mi mente. Cada sábado cuando teníamos buen clima, contrataba a una jovencita de la secundaria para que llevara a los niños al parque a un par de cuadras de la casa. Con una mochila llena de sándwiches, bocadillos, jugos y sudaderas, le dábamos la clara instrucción de que no volviera a la casa por dos o tres horas.

Recuerdo el primer sábado que esto resultó. Le dije a Jody que viniera a la habitación y me encontró sin ropa. Cuando me preguntó dónde estaban los niños, le dije: "*Fuera* por dos horas. ¿Se te ocurre alguna manera de pasar el tiempo?". Jody me dijo más tarde: "¡Increíble! Estar solos en nuestra casa al mediodía cuando todavía tenemos energía. ¡Asombroso!". Yo estaba totalmente de acuerdo.

Creatividad con los adolescentes

Después de adoptar a un vecino austríaco (vivimos en Viena como misioneros), teníamos cuatro adolescentes de trece, catorce, quince y diecisiete años. Los adolescentes hacen que la intimidad sea difícil, ya que son curiosos y nunca se van a la cama. Así es que decidí que Jody y yo debíamos ir a citas románticas a hoteles. Con una canasta para merendar llena de nuestra comida y bebidas favoritas, un tocacintas (eso te dice mi edad), velas, cartas (para jugar póquer donde nos íbamos quitando la ropa poco a poco) y otras cosas divertidas. Llevaba a Jody a un hotel de las 5:00 de la tarde hasta la medianoche. No solo era un tiempo para buscar la pasión, sino también para hablar sin la posibilidad de que nuestros adolescentes estuvieran escuchando. ¡Jody decía que era mucho más divertido que salir a cenar y ver una película!

Creatividad cuando se van los hijos

Era el cumpleaños de Jody. ¿Qué podía hacer que fuera divertido y lleno de pasión? Fui adonde estaba guardada nuestra casa rodante y la alisté para una fiesta. Globos, un pastel, cena preparada, también preparé ricos bocadillos y por supuesto, regalos. Cuando hice los arreglos, el clima estaba lindo para ser enero. Cinco horas más tarde estaba nevando. Así es que caminamos pesadamente hacia la casa rodante riéndonos y pasamos un lindo tiempo cenando, en la intimidad, y en una fiesta en una casa rodante que no estaba precisamente calentita. Así es que nos fuimos temprano, ¡pero riéndonos de mi intento creativo de pasión en la nieve!

Mientras piensas en intentar algo nuevo, piensa en este lindo consejo de una pareja de muchos años de casados al contestar la siguiente pregunta: "¿Y si lo nuevo que probamos no es tan agradable como lo que siempre hacemos?".

¿Qué quiere decir "si"? En la mayoría de los casos te puedo prometer que no lo será. ¡Cuando trates de hacerlo en el piso en vez de en la cama, tal vez acabes con raspadas en las rodillas y con un dolor de espalda a la siguiente mañana! Si sales a medianoche para disfrutar a tu amante a la luz de la luna, ambos pueden acabar con el peor caso de garrapatas en la ciudad.

Pero ese no es el punto. ¡Fueron atrevidos! Crearon un recuerdo especial, aun cuando resultó ser un desastre divertidísimo. Removieron las aguas de su matrimonio para evitar que se estancara. Al día siguiente, la semana siguiente, en cinco años, podrán reírse de su secretito, meneando la cabeza al pensar lo locos que fueron al probar algunas de las cosas que hicieron. Cuando regreses a lo favorito que disfrutan, lo apreciarán aún más.[1]

A continuación te cuento una aventura que yo, Juli, planeé para Mike. ¡A él en *verdad* le gustó y no te diré lo que me compró para ponerme!

La aventura del desfile de modas

Lleva a tu esposo al centro comercial. Prométele que no será como ninguna otra salida de compras. Una vez que lleguen al centro, dale a tu esposo cierta cantidad de dinero (o si no quieres, no) y dile que van a ir de compras juntos. Él puede escoger cualquier "prenda" en todo el centro para que tú te la pongas cuando lleguen a casa. Cualquier cosa que él escoja (aunque sea una camiseta de los Yankees, *¡qué horror!*) te lo tienes que poner sin hacer ningún comentario negativo. ¡Diviértanse!

🖤 4. Habla con tu esposo acerca de planear una aventura sexual.

🖤 5. Cualquiera que sea la etapa en la que te encuentres —recién casada, con bebés, con niños pequeños, con adolescentes o sin hijos en casa— planea una sorpresa creativa sexual para tu esposo. (Si necesitas más ideas, considera *Simply Romantic Nights* [Noches simplemente románticas] por Family Life [Vida en Familia]).

DÍA 2
Prepara el escenario: la manera de la MSS

La MSS hizo más que planear "salidas" sexuales. Tanto ella como Salomón crearon una atmósfera que decía: "Nuestra habitación es un lugar para estar juntos sexualmente. Es nuestro escondite". Salomón hasta ordenó vigas de cedro del lugar de origen de la MSS para instalarlos en el techo de su habitación matrimonial para hacerla sentir cómoda en el palacio (Cantares 1:17).

♥ 1. Lee Cantares 1:16–17. ¿Qué crees que significa el versículo 16, que su "lecho" (es decir, su cama) era "exuberante" (LBLA)?

_____

_____

_____ ∎

♥ 2. Escribe un párrafo describiendo tu habitación.

_____

_____

_____ ∎

¿Qué sentimientos recibe tu amante cuando entra a tu habitación? ¿Qué es lo que la atmósfera comunica, pánico o pasión? ¿Piensa que entró a una oficina o al cuarto donde ven la televisión, o donde doblas y planchas la ropa, o al escondite de un amante? Trágicamente, la habitación matrimonial es el último lugar que se recoge o se decora. Amiga, ve a tu habitación y echa una larga mirada. Y no te des por vencida al decir: "Es que no tenemos el dinero".

PasióN

Lorraine, una amiga de Linda, transformó su habitación y su baño en un jardín inglés. Un poco de papel floral en las paredes, una sábana enrollada, unas cortinas que le combinaban y un entramado blanco en varias paredes le dieron al cuarto una nueva apariencia. Luego Lorraine entretejió hiedra de seda y luces intermitentes que resultó en una atmósfera suave, y agregó una banca blanca y una jaula de pájaros inglesa que compró en una venta de garaje. Finalmente, pintó con un bote de pintura y una botella de aerosol verde que le aplicó a los marcos de las fotos, la pantalla de la lámpara y a una mesita, y completó la transformación. El costo total fue 300 dólares.[2]

Yo, Juli, pinté nuestra habitación de rojo intenso cuando necesitábamos un cambio de escenario.

♥ 3. Si tu habitación no es un lugar que invita a la intimidad, pídele a Dios que te dé una o dos ideas para comenzar a transformarla. ¡Escribe tus ideas aquí y luego impleméntalas!

_____

_____

_____ ∎

El placer sexual se intensifica cuando usas todos los sentidos: el tacto, el oído, el gusto, la vista y el olfato. La Mujer Supersexy preparó el escenario para hacer el amor usando los sentidos.

♥ **4.** Lee Cantares 1:12–13. ¿Cómo usó la MSS fragancia al hacer el amor?

_____

_____

_____ ■

Si hubieras entrado en la habitación de Salomón y la MSS, te hubieran inundado fragancias poderosas. Derramaron polvos aromáticos sobre las sábanas y las cortinas de satén que cubrían las paredes. El novio y la novia también se habrían puesto sus propias fragancias personales diseñadas para deleitar al otro. Como dijo un niño de cinco años: "El amor es cuando una niña se pone un perfume y un niño se pone colonia para después de afeitar y salen juntos y se huelen el uno al otro".

¿Sabías que la fragancia nos afecta de maneras poderosas? "La manera más rápida de inducir un cambio de emociones o de ambiente es a través del olfato, ya que el sentido del olfato reacciona más rápidamente en el cerebro que cualquier otro sentido. El olor número uno para poner a los hombres en el estado de ánimo de hacer el amor fue una combinación de pastel de calabaza y lavanda".[3] No estamos muy seguras cómo combinarlos. ¡Tal vez puedes hacer un pastel de calabaza y rociar tu cuarto con una fragancia lavanda!

♥ **5.** ¿Qué puedes hacer para incorporar los cinco sentidos al hacer el amor? Habla con tu esposo acerca de lo que a él le gustaría. Trata de compartir estas ideas con él.

_____

_____

_____ ■

Olfato: Usa velas aromáticas o flores con fragancias dulces. Una esposa creativa le echó colonia a los focos de la luz. Cuando se acercaba la hora de la intimidad encendía las luces y dejaba que el olor llenara el cuarto.

Sonido: Considera una fuente de mesa que suene como un río burbujeante. O pon sonidos de lluvia suave, una cascada o truenos en tu iPhone o iPad.

Toque: Demasiadas veces, después de años de matrimonio, el toque se convierte en simplemente un beso platónico en la mejilla o el toque sexual profundo. Considera redescubrir el toque suave. Para animar la cosa, calienta aceite de bebé y échale una gota de fragancia. Pon una sábana vieja en el piso o sobre la cama y dale a tu amante un masaje con aceite caliente. ¡Hacer el amor será resbaladizo, pero divertido!

Gusto: Prepara tu bebida favorita con hielo. Fresas, piña o moras en palillos para alimentarse el uno al otro. Cualquier cosa que se les antoje.

Marnie: Mi esposo y yo tomamos un frasco de Nutella a la cama con dos cucharas. ¡El chocolate me pone lista para el romance!

Vista: "De acuerdo a una encuesta realizada por el Centro de Investigación de Opinión Nacional de la Universidad de Chicago, el segundo acto sexual más atractivo para los hombres y las mujeres (precedido tan solo por el mismo acto sexual) era ver a su cónyuge desvestirse".[4] Ya sea que fuera desvestirse lentamente o con un movimiento sensual, Dios hizo al esposo para que se excitara al ver el cuerpo de su esposa.

♥ 6. Lee Cantares 7:1–8. La MSS vestía una prenda muy ligera o solo su piel. Escribe tres enunciados que describen el deleite de Salomón al ver a su esposa.

_____

_____

_____ ■

No rechaces rápidamente el baile de la MSS. Sí, puedes estar tentada a pensar: _"¡Yo no voy a mostrar mi cuerpo imperfecto así!"_. ¡Ciertamente no estamos sugiriéndote que compres un brasier de copas de coco y una falda hawaiana como lo hizo Juli en el DVD! Te estamos pidiendo que mires honestamente la Palabra de Dios en Cantares y veas lo libre que era la MSS. No tienes que copiarla a ella ni a nadie más. _Tú_ eres la creación especial de Dios y Él desea mostrarte cómo es que tú seas libre con tu cuerpo y deleites a tu esposo cuando él te vea.

DÍA 3
Habla como la MSS

Hablar de sexo es incómodo. ¿Qué dices? ¿Qué palabras usas? ¿Cómo describes lo que te gusta? Algunas palabras parecen muy crudas, otras, muy técnicas. "Querida, voy a excitarte tocándote la vagina". Eso no comunica sentimientos románticos a la mayoría de las esposas. Como resultado, la pareja promedio evita hablar de sexo.

¿Cómo serían tus finanzas si nunca hablaras de dinero? ¿Cómo criarías a tus hijos si ni tú ni tu esposo tuvieran la forma de hablar de disciplina o expectativas para ellos? La comunicación es la clave en el éxito en todas las áreas, incluyendo una vida sexual grandiosa.

Así es que volvamos a ver a la MSS y veamos cómo lidió con el desafío de la comunicación. El lenguaje del amor es poético, y Salomón y la MSS crearon su propio lenguaje sexual privado. Escogieron las palabras poéticas _jardín_ y _fruto_. Estas palabras son cálidas, imaginativas y eróticas. Un jardín es un lugar privado frondoso donde crecen flores hermosas. A veces un arroyo fluye por un jardín. La imagen es hermosa. La fruta se ve apetitosa y sabe dulce. ¡Lo más importante, la MSS y su esposo sabían exactamente qué significaba cada palabra!

♥ 1. ¿Tienen tú y tu esposo un lenguaje "sexual"? Si es así, ¿tiene que ser expandido?

_____

_____

_____ ■

♥ 2. ¿Por qué crees que poder comunicarte libremente acerca de las cosas sexuales es importante para mejorar tu vida sexual?

_____

_____

_____ ∎

♥ 3. Da una caminata a solas con el Señor (o híncate al lado de tu sofá) y comparte tus temores, inseguridades o simplemente tu incomodidad acerca de hablar de tu cuerpo, cualquier cosa que te causa incomodidad al pensar acerca de tu propio lenguaje sexual privado. ¡No vas a avergonzar a Dios! Recuerda: Él fue el que escribió las palabras *jardín* y *fruto* en Cantares.

_____

_____

_____ ∎

Si quieres convertirte en una Mujer Supersexy con una vida sexual muy candente, tienes que aprender a comunicarte acerca de todo lo íntimo con tu esposo. Puedes utilizar las palabras que Salomón y la MSS usaron o ser creativos y formar tus propias palabras especiales. Una esposa llama a las partes íntimas de su esposo "El faro sobre las rocas". Como regalo, él le dio una foto enmarcada de un faro. Lo puso en la mesita de noche junto a su cama, un dulce secreto conocido solo por ellos.[5]

Una pareja que no podía encontrar nombres privados decidieron usar sus segundos nombres, John y Sue. Así es que cuando el esposo decía: "John quiere jugar con Sue", ¡la esposa sabía exactamente lo que le estaba pidiendo!

Parte de tu vocabulario sexual también debe incluir palabras código privadas para comunicar el deseo de hacer el amor. "¿Bueno, quieres hacerlo esta noche?" simplemente no es muy emocionante. A continuación te damos unas palabras código que algunas parejas han utilizado.

Escondite: "Vamos a pasar algo de tiempo en nuestro escondite".

Navegar: "Vamos a navegar". (Traducción: "Vamos a disfrutar veinte minutos de hacer el amor"). Algunas variaciones son: "Me gustaría ir en lancha" (¿sabes lo que esto significa?). O: "¿Qué te parece un viaje largo en crucero este fin de semana?" (una hora o más haciendo el amor).

Una comida hecha en casa (traducción: veinte minutos haciendo el amor). "Tengo ganas de una comida gourmet" (una hora o más haciendo el amor). "Vamos a comer comida rápida esta noche" (algo rapidito).

Algunas parejas utilizan símbolos en vez de palabras para indicar que están interesados en hacer el amor.

Velas: "Nosotros guardamos dos velas en nuestra habitación. Si enciendo una, mi esposo sabe que estoy interesada en hacer el amor. Si él enciende la segunda, sé que mi invitación ha sido aceptada. Una vez encendí la vela. Más tarde, en vez de encontrar la otra vela prendida descubrí que mi esposo había prendido velas por toda la habitación".[6]

Conejitos: "Mi esposo y yo tenemos dos conejos de peluche, uno rosado y otro azul. Si yo quiero hacer el amor, pongo al conejo rosado en la cama (o lo escondo en algún lugar que sé lo encontrará). Si el conejo azul se une al rosado en la cama, su respuesta es "¡Sí, vamos a hacerlo!"

Coquetear: "Cuando mi esposo me quiere decir que quiere intimidad, se sube y baja el cierre del pantalón rápidamente. Es una pequeña manera de decirme lo que está pensando. (Obviamente los niños no están por ahí)".

♥ 4. Busca tiempo a solas como pareja, haz una lista de todas las palabras que puedan pensar de todas las partes privadas de su cuerpo. Luego escriban palabras o frases para "hacer el amor". Después, hablen acerca de palabras o frases que les gusten o que les hagan sentir incómodos. Conversen de las imágenes que a ambos les gusten (escondite, playa), y si las imágenes son apropiadas para su lenguaje privado de amor.

_____

_____

_____

_____

_____ ▪

♥ 5. Tú y tu esposo inventen claves o símbolos que indiquen el deseo de intimidad.

_____

_____

_____

_____ ▪

He aquí mas formas divertidas de usar tu lenguaje privado en encuentros sexuales tiernos.

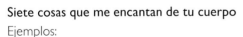

Siete cosas que me encantan de tu cuerpo
Ejemplos:

- Me encantan tus brazos y la manera en que me estrechan.
- Me encanta tu boca y la manera en que me halaga.
- Me encanta tu _____ y la manera en que me da placer.

Escribe las siete cosas que te encantan de su cuerpo y dáselas en una cena especial privada. Luego enséñale cómo te encantan esas siete cosas de su cuerpo. (Considera ser valiente y comparte algo que no le habías dicho antes). ¡Y por supuesto, él también puede jugar el juego y escribir las siete cosas que le encantan de tu cuerpo!

Vuelve a escribir las reglas

Escoge cualquier juego de palabras (como Scrabble). Juega como siempre, pero usa solamente palabras rela cionadas con amor, sexo y romance. Antes de comenzar inventa tus propias reglas acerca de qué hacer si no pueden formar una palabra. ¡Y decide cuál será el "premio" para el ganador!

Amor de alfabeto

Este juego es como el jardín de infantes, pero para gente grande. El esposo comienza besando cualquier parte del cuerpo de su esposa que comienza con "A" (tal como antebrazo). Ella hace lo mismo besándole cualquier parte de su cuerpo que comienza con "B". Continúen alternándose hasta la Z. ¡Te sorprenderás de lo motivado que estará tu esposo para inventar adjetivos y descripciones anatómicas que nunca antes habías escuchado!

DÍA 4
El amor extravagante de la MSS

Estás comenzando a comprender a la MSS? Ella ama extravagantemente. Ama eróticamente. Ella edifica a su esposo y lo deleita con su abandono sexual. Ella es libre con sus palabras y con su cuerpo.

Has visto la pasión brotar a través del Cantar de los Cantares. Esta semana has estudiado acerca de la pasión creativa de la MSS, la pasión de sus palabras y de cómo ella preparó el escenario para la intimidad. Has aprendido mucho acerca de su amor sexual por Salomón y cómo ella lo incitaba con palabras privadas sexuales y acciones eróticas.

Esperamos que, como en nosotras, tu corazón se haya abierto a la hermosura y el gozo del amor sexual al haber vislumbrado el corazón de la MSS. Al terminar este último capítulo de *En busca de la pasión*, queremos que veas de una manera más completa cómo la Mujer Supersexy se volvió tan candente.

El mundo nos da ejemplos de romances candentes que rápidamente se disipan después que se presentan las dificultades de la vida y el egoísmo. Los cuerpos hermosos, las habitaciones de millones de dólares y las vacaciones extravagantes no son suficientes para mantener un amor candente a través de las pruebas normales de un matrimonio. Hacia el final del Cantar de los Cantares hay dos pequeños versículos cargados con la belleza secreta de un amor que perdura. En estos versículos, la MSS revela la imagen poderosa de la fuente de su amor sexual. Estos cortos versículos son tal vez los más memorables e intensos de Cantares. Algunos hasta los han declarado una de las imágenes más hermosas que jamás se haya escrito del amor, revelando que el amor es íntimo, intenso, indestructible e invaluable.

♥ I. Lee Cantares 8:6–7. Escríbelo aquí.

_____

_____

_____

_____

_____

_____

_____

_____ ∎

En estos versículos vemos tres cualidades del amor conyugal que son absolutamente invaluables. La MSS habla de un amor tan ancho, tan alto y tan profundo que es imposible describirlo. Usa una serie de imágenes para tratar de expresar la profundidad de su amor por Salomón. Veamos su descripción a continuación, imagen por imagen.

El amor es íntimo.

"Ponme como sello sobre tu corazón, como sello sobre tu brazo ..." (v. 6, LBLA).

Hoy llevas puesto un anillo de boda que dice: *Soy una con mi esposo*. En el tiempo de la MSS, un sello sobre el brazo significaba lo mismo. Significaba: "Yo pertenezco a este hombre. Él pertenece a mí". Su amor era solamente acerca de ellos. Su intimidad sexual era una expresión de pertenecer completamente el uno al otro.

El amor es intenso.

"... porque fuerte como la muerte es el amor, inexorables como el Seol, los celos..." (v. 6, LBLA).

¿Hablando de la muerte y el amor juntos? No es muy romántico. Tal vez la MSS estaba diciendo: *Como la muerte, nuestro amor es permanente e irreversible. Su aguante es tan fuerte como la muerte.* El uso de la palabra *celos* se refiere a una devoción decidida.

"... sus destellos, destellos de fuego, la llama misma del Señor" (v. 6, LBLA).
La imagen de una llama ardiente revela el poder y la energía del amor entre un esposo y su esposa. Es una imagen hermosa y santa. Los destellos son la misma llama del Señor. ¿Qué son estos destellos? Por supuesto, los destellos de la pasión sexual están ahí, pero la intensidad de la pasión viene del compañerismo, el amor servicial, el sacrificio, la lealtad y el compromiso. No es la excitación momentánea de empezar a salir con alguien o de un amorío, sino la explosión sexual que se encuentra en el amor de toda una vida.

El amor es indestructible.

"Las muchas aguas no pueden extinguir el amor, ni los ríos lo anegarán…" (v. 7, LBLA).

Una llama puede por lo general extinguirse con agua, pero no una llama encendida por el Señor Dios Todopoderoso porque es alimentada por la energía de Dios mismo. En efecto, ella está diciendo que independientemente de las dificultades que nos vengan, nuestro amor perdurará, ya que está construido sobre el amor santo.

Piensa en estas cualidades como los tres elementos esenciales del amor romántico genuino: íntimo, intenso e indestructible. Muchas veces, el mundo habla de un amor pasional que tiene una o tal vez dos de estas cualidades. Pero el trío de la unidad íntima, la pasión feroz y el compromiso de toda una vida es un tesoro invaluable.

"… si el hombre diera todos los bienes de su casa por amor, de cierto lo menospreciarían" (v. 7, LBLA).

Si ganaras la lotería o heredaras muchas riquezas, no sería suficiente para comprar esta llama poderosa de amor cuyos destellos son los rayos de Dios mismo.

💜 2. Ahora que entiendes un poco mejor estos dos versículos hermosos acerca del amor, escribe tu propia paráfrasis aquí.

_____

_____

_____

_____

_____

_____

_____

_____

_____ ■

He aquí hay una paráfrasis hermosa:

"Oh mi amado, estréchame cerca de tu corazón. Rodéame con tus brazos y sostenme con fuerza como tu posesión más preciada. Tu amor, tan fuerte como la muerte, me toma con una fuerza irresistible. Me entrego a este amor y ansío ser completa y absolutamente absorbida por él. Mi amor por ti es violento, vigoroso, incesante. No podría renunciar a ti como no puede la tumba renunciar a la muerte. Mi amor apasionado es una llama que ningún hombre puede encender, solo el Espíritu de Dios. Es una antorcha a prueba de agua, una llama de fuego que las aguas fuertes no pueden apagar".[7]

Una de las dificultades para aprender de la MSS es que su vida tal vez no se parezca en lo absoluto a la tuya. Ella estuvo casada con un rey hace miles de años. Sin embargo, el amor sexual que Dios diseñó no ha cambiado. Tal como ella ansiaba un amor que fuera feroz e indestructible, conocemos mujeres que hacen de esto una realidad en el sigo XXI. A continuación un ejemplo moderno de este tipo de amor de toda una vida, escrito desde la perspectiva de una hija:

La semana pasada celebramos el quincuagésimo aniversario de mis padres. Esta mañana salieron en un viaje largamente añorado a Hawái. Estaban tan emocionados como si fuese su luna de miel. Cuando se casaron mis padres, solo tenían dinero para un viaje de tres días a unos ochenta kilómetros de nuestra casa. En aquel entonces hicieron un pacto de que cada vez que hicieran el amor pondrían un dólar en una caja de metal especial y lo ahorrarían para una luna de miel en Hawái en su aniversario número cincuenta. Papá era policía y mamá era maestra. Vivían en una casa modesta y ellos mimos hacían las reparaciones de su casa. Criar a cinco hijos fue un desafío y a veces, el dinero no alcanzaba. Pero cualquiera que fuera la emergencia que surgiera, papá no dejaba que mamá sacara dinero de su "cuenta de Hawái". Al ir creciendo esta cantidad la pusieron en una cuenta de ahorros.

Mis padres siempre estuvieron muy enamorados. Puedo recordar a mi papá diciéndole a mamá: "Tengo un dólar en el bolsillo". Y ella sonriendo le decía: "Yo sé cómo gastarlo". Cuando cada uno de nosotros los hijos nos casamos, mamá y papá nos regalaron una caja de metal y nos dijeron su secreto, lo cual encontramos encantador. Ahora los cinco estamos ahorrando para nuestra luna de miel soñada. Mamá y papá nunca nos dijeron cuánto dinero habían ahorrado, pero debió haber sido una cantidad considerable ya que, cuando sacaron el dinero de su cuenta, les alcanzó para el vuelo a Hawái más el costo del hotel por diez días y bastante dinero para gastar. Cuando se despedían papá guiñó el ojo y nos dijo: "Esta noche comenzaremos una cuenta para Cancún. ¡Eso solo nos llevará veinticinco años"!.[8]

♥ 3. Escribe un párrafo describiendo qué aprendieron los cinco hijos acerca de toda una vida de pasión íntima de sus padres.

_____

_____

_____

_____

_____

_____ ∎

♥ 4. Pensando en las tres cualidades de amor expresadas en el Cantar de los Cantares (íntimo, intenso e indestructible), ¿cómo describirías estos tres aspectos de tu amor sexual?

_____

_____

_____ ∎

Desde el principio de _En busca de la pasión_ te enseñamos que la imagen de Dios del amor sexual entre un esposo y una esposa es santa y candente. Es muy intensa y hermosa. Sus destellos son los mismos destellos del Señor. Él, tu Gran Dios, es el centro de todo tu amor, incluyendo tu amor sexual.

DÍA 5
Ven al lugar secreto: expresando amor al Señor

La Biblia dice claramente que la intimidad sexual es una metáfora para la intimidad con Cristo. En el capítulo 3 aprendiste que la palabra para la intimidad sexual, _yada_, también es la palabra usada para conocer al Señor.

♥ 1. Para refrescar tu memoria, lee Efesios 5:31–32. ¿Qué dice este pasaje acerca de la correlación entre la intimidad conyugal y la intimidad con el Señor?

_____

_____

_____ ∎

Esta semana te animamos a que fueras creativa y dejaras a un lado tus inhibiciones en tus expresiones del amor sexual. Dios también desea que te vuelvas creativa y desbordada en tu amor por Él. Es más, creemos que existe alguna correlación entre crecer en estas dos áreas. Tal como estás aprendiendo acerca de la libertad en la expresión sexual de tu amor, también te encuentras en una trayectoria para descubrir el gozo de conocer y amar al Señor. Así es como se sentía Bethany:

Me acabo de dar cuenta de que sencillamente necesito "hacerlo" para profundizar mi relación con el Señor. Necesito pasar un buen tiempo en Su Palabra con mucha oración y humildemente pedirle que me enseñe cómo alabarle. Creo que el mejor tiempo para hacer esto es en la mañana antes de que se despierte mi bebé de ocho meses. ¡Solo tengo que hacerlo y sé que el Señor me va a encontrar ahí!

Para profundizar mi relación con mi esposo, también tengo que acercármele con mucha oración en maneras creativas para mejorar nuestra vida sexual. Tengo que darme permiso para ser una esposa piadosa pero sensual para él. ¡Lo único que tengo que hacer es dedicar el tiempo y el esfuerzo para planear tiempo juntos y MOSTRARLE cuánto significa él para mí! Si lo hago, sé que mi relación será bendecida.

En ambas ocasiones, sé que mi tiempo y esfuerzos serán bendecidos y valdrá la pena mi tiempo, a corto y largo plazo.

De todos los personajes que aprendimos en la Biblia, el rey David (el padre de Salomón) es alguien que se destaca por ser un hombre que supo tener intimidad con el Señor. Usó su creatividad, su lenguaje, su mente y su cuerpo para expresar su amor al Señor. Muchos de los Salmos de David hablan de su deseo intenso de conocer la presencia del Señor y expresarle su amor en alabanza.

♥ **2. Lee el Salmo 63:1–8 y el Salmo 42:1–2. Describe el deseo que David expresa en estos Salmos.**

_____

_____

_____ ■

David también fue expresivo en su alabanza efusiva al Señor. Tal como la MSS y su esposo continuamente hablan de la hermosura de su amante, los Salmos de David constantemente desean proclamar la belleza del Señor.

♥ **2. Lee el Salmo 57:7–11 y el Salmo 100:1–5. ¿Cómo son paralelas estas expresiones de amor con el tipo de lenguaje usado en el SOS?**

_____

_____

_____ ■

♥ **3. Lee 2 Samuel 6:14–22. Describe cómo David alabó al Señor.**

_____

_____

_____ ■

♥ 4. ¿Qué piensas que quiso decir David cuando dijo: "…celebraré delante del Señor. Y aún seré menos estimado que esto, y seré humillado ante mis propios ojos"? (LBLA).

_____

_____

_____ ▪

♥ 5. ¿Qué te detiene para expresar tu amor al Señor con abandono?

_____

_____

_____ ▪

¿Podemos pronunciar una bendición sobre ti?

Aun cuando probablemente nunca te hemos conocido, nos hemos convertido en tus amigas a lo largo de estas diez semanas. Hemos orado por ti y le hemos pedido al Señor que Sus palabras toquen tu corazón. ¡Ansiamos que el Dios Poderoso transforme totalmente la intimidad en tu matrimonio! Estaremos esperando con gusto oír cómo Él ha traído sanidad, placer, perdón y belleza. Sin embargo, tenemos una oración más grande por ti: que encuentres intimidad profunda con el Señor Jesús. Oramos para que te muestre cómo la intimidad física y el compromiso de toda una vida del matrimonio es solo una sombra de Su gran amor por ti. Oramos para que despierte tu corazón para que Lo busques y Lo adores tal como lo hizo David.

Aun el mejor matrimonio terminará un día. Los mejores amantes se separarán con el transcurso del tiempo. Sin embargo, tu relación íntima con el Señor continuará por siempre y para siempre. ¡Déjate consumir por Él y alábale!

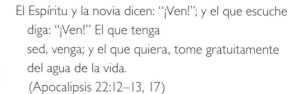

¡Miren que vengo pronto! Traigo conmigo mi recompensa, y le pagaré a cada uno según lo que haya hecho. Yo soy el Alfa y la Omega, el Primero y el Último, el Principio y el Fin!

El Espíritu y la novia dicen: "¡Ven!"; y el que escuche diga: "¡Ven!" El que tenga sed, venga; y el que quiera, tome gratuitamente del agua de la vida.
(Apocalipsis 22:12–13, 17)

NOTAS FINALES

Capítulo 1: ¡Tengo poder!

1. Dra. Julianna Slattery, *Finding the Hero in your Husband* [Busca el héroe en tu esposo] (Deerfield Beach, FL: Health Communications, Inc., 2001), xvii.
2. *Ibid.*, 9.
3. David Minkoff, *Oy Vey: More!* [Oy, Vey: ¡Más!] (Nueva York: Harper Collins, 2001), 6.
4. Linda Dillow, *What's it Like to be Married to Me?* [¿Cómo es estar casado conmigo?] (Colorado Springs, CO: David C. Cook, 2011), 77.

Capítulo 2: ¿Yo, perseguir la pasión?

1. Dr. Joseph y Linda Dillow, Dr. Peter y Lorraine Pintus, *Intimacy Ignited* [La intimidad encendida] (Colorado Springs, CO: NavPress, 2004), 15.
2. *Ibid.*, 10.
3. *Biblia de Estudio Ryrie*, Cantar de los Cantares 5:1b dice: "Dios habla y luego bendice la unión".
4. Dr. Howard Hendricks, en una conversación telefónica con Linda Dillow.

Capítulo 3: Dios tiene una opinión

1. Philip Yancey, *"Holy Sex," Christianity Today* ["Sexo santo", revista *Christianity Today*] Octubre 2003, 48–49.
2. Ruth Smythers, *"Instruction and Advice for the Young Bride," The Madison Institute Newsletter* [Instrucción y consejo para la novia joven, boletín informativo del Instituto Madison, (Nueva York: Spiritual Guidance Press, 1894).
3. C. S. Lewis, *Mere Christianity* [publicado en español con el título *Mero Cristianismo*, Editorial Caribe] (San Francisco, CA: Harper, 2001), 98.
4. Mike Mason, *The Mystery of Marriage* [El misterio del matrimonio] (Portland, OR: Multnomah, 2005), 132.
5. John Piper, *This Momentary Marriage* [Pacto matrimonial] (Wheaton, IL: Crossway, 2012), 135.
6. Linda Dillow y Lorraine Pintus, *Intimate Issues* [Temas de intimidad] (Colorado Springs, CO: WaterBrook Press, 1999), 25.
7. Mason, *The Mystery of Marriage*[El misterio del matrimonio], 136.
8. John Piper, *Sex and the Supremacy of Christ* [Sexo y la supremacía de Cristo] (Wheaton, IL: Crossway, 2005), 26.
9. Clifford y Joyce Penner, *The Gift of Sex* [El regalo del sexo] (Nashville, TN: Thomas Nelson, 2003), 40.
10. Gary Thomas, *Sacred Marriage* [Matrimonio sagrado] (Grand Rapids, MI: Zondervan, 2000), 226.

Capítulo 4: Permanece en la verdad

1. Francis Frangipane, *The Three Battlegrounds* [Los tres campos de la lucha espiritual] (Cedar Rapids, IA: Arrow Publications, 1989), 25.
2. *Ibid.*, 28.
3. *Ibid.*, 77.
4. Paul E. Billheimer, *Destined for the Throne* [Destinado para el trono] (Minneapolis, MN: Bethany House, 1975), 120–121.

Capítulo 5: ¿Qué clase de amor haces?

1. Dra. Juli Slattery, *No More Headaches* [No más dolores de cabeza] (Carol Stream, IL: Tyndale, 2009), 96.
2. Sally Meredith, en un documento privado dado a Linda Dillow.

Capítulo 6: La búsqueda del placer puro

1. W.F. Arndt and E.W. Gingrich, *A Greek–English Lexicon of the New Testament* [Léxico griego–inglés del Nuevo Testamento] (Grand Rapids, MI: Zondervan, 1957), s.v. *molvno* [impuro].
2. Bromley, *The International Standard Bible Encyclopedia* [La enciclopedia bíblica estándar internacional] s.v. *crime* [crimen].
3. *The Lexicon Webster Dictionary* [Diccionario lexicó Webster,] vol. 2, s.v. *sodomy* [sodomía].
4. Bromley, *The International Standard Bible Encyclopedia* s.v. sodomite [sodomita].

5. R. Laird Harris, Gleason Archer, Bruce Waltke, *Theological Workbook of the Old Testament, vol. 2* [Libro de trabajo teológico del Antiguo Testamento, vol. 2], (Chicago, IL: Moody, 1980), s.v. *gadesh*.
6. Dr. Lewis Smedes, *Sex for Christians* [Relaciones sexuales para cristianos] (Grand Rapids, MI: Eerdmans, 1976, 1994), 212.

Capítulo 7: La intimidad falsa
1. Oswald Chambers, *My Utmost for His Highest* [publicado en español con el título *En pos de lo supremo*, Editorial CLIE] (Grand Rapids, MI: Discovery House, 1992), 19 de abril .
2. Dra. Juli Slattery, *No More Headaches*, 179–182.

Capítulo 8: Intimidad sin deudas
1. El léxico griego estándar lo traduce como "contar, tomar en cuenta".
    Frederick W. Danker and Walter Bauer, *A Greek–English Lexicon of the New Testament and Other Early Christian Literature, 3rd ed.* [Léxico griego–inglés del Nuevo Testamento y otra literatura de los primeros cristianos, 3ª ed.] (Chicago, IL: University of Chicago Press, 2000), 597.
2. R.T. Kendall, *Total Forgiveness* [Perdón total] (Lake Mary, FL: Charisma House, 2002), 149.
3. Clara Barton, citada por Luis Palau en el mensaje *"Experiencing God's Forgiveness"* [La experiencia del perdón de Dios].
4. Allen T. Edmunds, *Reader's Digest* [Revista publicada en español con el nombre de *Selecciones*], enero, 1982, 90.
5. Stormie Omartian, *The Power of a Praying Wife* [publicado en español con el títutlo *El poder de una esposa que ora*, Editorial Unilit] (Eugene, OR: Harvest House Publishers, 1997), 2.

Capítulo 9: La prioridad de la pasión
1. Douglas E. Rosenau, *A Celebration of Sex* [Una celebración del sexo] (Nashville: Nelson, 1994), 85.
2. *Ibid.*, 86.
3. Mi gratitud a la autora y oradora Cynthia Heald por este comentario poderoso que ha influenciado grandemente mi vida (Linda).
4. Dan B. Allender y Tremper Longman III, *Intimate Allies* [Aliados íntimos] (Wheaton, IL: Tyndale, 1999), 233–234.
5. Ron Allen, *Worship, The Missing Jewel of the Christian Church* [Alabanza, la joya perdida de la iglesia cristiana] (Portland, OR. Multnomah, 1982), 120.
6. John F. Walvoord y Roy B. Zuck, *Bible Knowledge Commentary* [Comentario de conocimiento bíblico] (Wheaton, IL: Victor Books, 1983), 517.
7. Dra. Juli Slattery, *No más dolores de cabeza*, 144.
8. John Mitchell cita de Ruth Myers, *Treasury of Praise* [Tesoro de alabanza] (Sisters, OR: Multnomah, 2007), 3.
9. Merlin Carothers, *Prison to Praise* [De a la prisión la alabanza] (Escondido, CA: Merlin R. Carothers, 1970), 85.

Capítulo 10: Cómo convertirte en una Mujer Supersexy
1. Stephen y Judith Schwambach, *For Lovers Only* [Solamente para enamorados] (Eugene, OR: Harvest House, 1990), 198.
2. Linda Dillow y Lorraine Pintus, *Temas de Intimidad*, 223.
3. Alan R. Hirsch, M.D., en *How to Romance the Man You Love* [Cómo enamorar al hombre que amas] por los editores de *Prevention Magazine* [Revista Prevención] libros de salud (Emmaus, PA: Rodale Press, Inc., 1997), 34.
4. *University of Chicago Chronicle* [Crónica de la Universidad de Chicago] Oct. 13, 1994. Vol. 14. No. 4.
5. Dr. Joseph y Linda Dillow, Dr. Peter y Lorraine Pintus, *Intimacy Ignited*, 73.
6. *Ibid.*, 74.
7. *Ibid.*, 220.
8. Ann Landers, *Colorado Springs Gazette* [Gazeta Colorado Springs] 6 de junio de 1998, Lifestyle, 5.

Reconocimientos

Le damos gracias a nuestro Gran Dios por el privilegio de trabajar con el Espíritu Santo y la una con la otra al escribir *En busca de la pasión.*

Nuestros esposos son nuestras mayores fuentes de ánimo. Gracias, Mike y Jody, por orar por nosotras, por entender cuando nuestra mente estaba preocupada con cosas y por animarnos cuando escribir era difícil. ¡Estamos muy agradecidas a Dios por ustedes!

A Terry Behimer, directora de todos los proyectos escritos por *Authentic Intimacy* y nuestra editora que nos hace sonar bien. Es un deleite trabajar contigo y estamos *tan* agradecidas con Dios por ti, nuestra querida amiga y colaboradora.

A Deana Williams, nuestra querida amiga y colaboradora quien hizo todo lo necesario para la grabación en DVD y el sitio en la Internet. ¡Eres maravillosa y estamos muy agradecidas por ti!

A dos directoras de ministerios de mujeres increíbles, Donna Graham y Lynda Rosenhahn de Rocky Mountain Calvary Church [Iglesia Rocky Mountain Calvary] en Colorado Springs. ¡Enseñar el piloto de *En busca de la pasión* en Rocky Mountain Calvary fue un gozo! El colaborar con ustedes fue un deleite. Nos han animado a cada paso del camino y estamos increíblemente agradecidas por ambas.

A los líderes de nuestro maravilloso pequeño grupo de estudio en Rocky Mountain Calvary: Lynda Rosenhahn, Tracy Swionteck, Lorna Bennett, Lisa Beech, Michele Davis, Sandy Brown, Kim Hooker y Leah Green. Nos animaron a seguir adelante cada semana y estamos agradecidas por cada una de ustedes.

A las sesenta mujeres valientes de Rocky Mountain Calvary que fueron nuestras "conejillas de Indias" durante el estudio piloto de *En busca de la pasión.*

A Holly Kisly y Rene Hanebutt, nuestro equipo de Moody Publishers Authentic Intimacy [Intimidad auténtica, Editorial Moody]. ¡Qué gozo es colaborar con ustedes para llevar la verdad de Dios a Sus amadas mujeres! ¡Agradecemos a Dios por su corazón y por su pericia para hacer realidad *En busca de la pasión*!

A nuestros muchos amigos que nos apoyaron con sus oraciones y ánimo en esta trayectoria. Estamos especialmente agradecidas a Lorraine Pintus. Lorraine, tu apoyo inquebrantable para este proyecto y tus constantes oraciones han sido una bendición tremenda para ambas.

¿Cómo Puedo Obtener Más Información?

¿Donde pueden ir las mujeres cristianas a preguntas más íntimas sobre sexo? Authentic Intimacy (Auténtica intimidad) es ese lugar. (www.authicintimacy. com). En una audaz, honesto, seguro, usted descubrirá respuestas bíblicas, ayuda práctica y esperanza duradera en este área personal de su vida. ¿Tienes curiosidad acerca de lo que Dios piensa que está bien en el dormitorio? *(¿Tienes curiosidad acerca de lo que es permitido por Dios para que pueda hacer con su cónyuge en el dormitorio?)* ¿Te arrepientes de algunas decisiones en el pasado? Dios está listo para brillar la luz en sus más profundos y más importantes áreas de necesidad. Auténtica intimidad está construyendo una comunidad de mujeres que quieren ser veraz sobre su viaje, sus luchas y sus preguntas sobre los temas más significativos de la vida.

MANERAS DE PARTICIPACIÓN

Authentic Intimacy es una comunidad que quiere ser un miembro.
Maneras fáciles de participar.
- Síguenos en Facebook y Twitter
- Dejar comentarios en nuestros blogs y foros, dando tus comentarios y compartir tu historia
- Sí te gusta lo que estamos haciendo, díselo a tus amigos!

----

www.authenticintimacy.com

Normas para las discusiones

Usted podría llevar a cabo este estudio bíblico sola o junto con una amiga, o bien en un grupo pequeño. Creemos que en los grupos se encuentra aliento y se producen muy buenos debates. Sin embargo, hablar de un tema tan íntimo puede ser difícil. A continuación algunas recomendaciones que producirán discusiones a lo largo del tema de *En busca de la pasión* y que honrarán a Dios y a su esposo:

1. En ninguna circunstancia deberá contar a otros detalles íntimos de su relación sexual con su esposo. Nadie debe poder imaginársela a usted y a su esposo en la cama. Sería bueno que le diera garantías a su esposo de su compromiso de mantener en privado su relación sexual.

2. Todas las conversaciones deben tratarse de manera confidencial.

3. No se permiten comentarios negativos ni embarazosos sobre los esposos.

4. Mantenga la atención en lo que usted tiene que cambiar, no en lo que tiene que cambiar su esposo.

5. A nadie se le pedirá que hable de algo que la haga sentir incómoda.